Julian Pörksen

Verschwende deine Zeit

Julian Pörksen, geboren 1985, studierte Geschichte und Philosophie in Berlin und anschließend Dramaturgie in Leipzig. Er arbeitete an der Berliner Staatsoper und als Assistent für Christoph Schlingensief. Sein Filmdebüt SOMETIMES WE SIT AND THINK AND SOME-TIMES WE JUST SIT über einen 50-jährigen Taugenichts, der freiwillig ins Altenheim zieht, feierte 2012 auf der Berlinale Premiere.

Julian Pörksen

Verschwende deine Zeit

Mit einem Vorwort von
Carl Hegemann

Alexander Verlag Berlin

Zweite Auflage
© by Alexander Verlag Berlin 2013
Alexander Wewerka, Postfach 19 18 24, D-14008 Berlin
info@alexander-verlag.com · www.alexander-verlag.com

Layout, Satz und Umschlaggestaltung: Antje Wewerka
Redaktion: Christin Heinrichs-Lauer
Alle Rechte vorbehalten.
Druck und Bindung: Interpress, Budapest
ISBN 978-3-89581-309-2
Printed in Hungary (February) 2014

INHALT

Zur Metaphysik der Zeitverschwendung 7
Vorwort von Carl Hegemann

Einleitung 21

I. Die Ökonomisierung der Zeit
Erlebte Zeit, physikalische Zeit 27
Uhrzeit 32
Das Diktat der Uhr. Zeit und Disziplin 35
Die innere Uhr. Internalisierung und
schlechtes Gewissen 40
Geweihte Zeit. Die Pflicht des Verehrenden 43
Zeitmanagement. Selbstausbeutung und
Subjektivation 46

II. Das Konzept der Verschwendung
The Ultimate Machine 57
Der Überschuss. Verschwendung
als ökonomische Notwendigkeit 59
Das Nützlichkeitsprinzip und die gezähmte Lust 62
Die gloriose Verschwendung.
Insubordination und Souveränität 64

III. Zeitverschwendung

Die schwerste aller Sünden   71

1. Zeitverschwendung. Eine Eingrenzung   72
   Intendierte Intentionslosigkeit   73
   Die Suspendierung der Zukunft. Sorglosigkeit   74
   Passivität   77
2. Phänomene   82
   Idiorrhythmien. Bummeln und Trödeln   83
   Die Rhythmik des Schlummers. Flanieren   85
   Unterlassungen. Schwänzen und Prokrastinieren   87
   Warten. Zeitvertreib   91
   Müßiggang. Genussvolle Indifferenz   93
3. Ausblick. Theater, zum Beispiel   101

Quellen- und Literaturverzeichnis   107
Abbildungsnachweise   111

*»Aus Mangel an Ruhe läuft unsere Zivilisation in eine
neue Barbarei aus. Zu keiner Zeit haben die Tätigen,
das heißt die Ruhelosen, mehr gegolten. Es gehört deshalb zu den
notwendigen Korrekturen, welche man am
Charakter der Menschheit vornehmen muss, das beschau-
liche Element in großem Maße zu verstärken.«*

Friedrich Nietzsche

Zur Metaphysik der Zeitverschwendung

Vorwort von Carl Hegemann

Julian Pörksen hat im Sommer 2011 einen kurzen Spielfilm
gedreht, mit dem stutzig machenden Titel SOMETIMES
WE SIT AND THINK AND SOMETIMES WE JUST SIT.
Der Film lief dann im Februar 2012 bei der Berlinale in der
Sektion »Perspektive Deutsches Kino«. Damals war er noch
Student der Dramaturgie an der Hochschule für Musik und
Theater in Leipzig. Der Film war das Ergebnis eines selbst
organisierten Praktikums im Rahmen des Studiums. Dieses
kleine Buch mit dem Titel *Verschwende deine Zeit* ist eine
überarbeitete Version seiner Abschlussarbeit vom Sommer
2012 und liefert sozusagen die Theorie zu diesem Film.

Das unvermeidbare Problem, dass auch ein Plädoyer für
das Nichtstun, für die Ereignislosigkeit oder für die nutzlos
verschwendete Zeit selbst viel Arbeit und Disziplin erfordert,

7

wenn es überzeugen soll, war Pörksen von Anfang an klar und vielleicht ist das gerade der Witz des ganzen Unternehmens. Im Programmheft zum *Kirschgarten* (in einer fast ereignislosen Inszenierung von Luk Perceval am Hamburger Thalia Theater) hat Pörksen über seine Filmarbeit berichtet und am Ende festgestellt: »Eine schöne Paradoxie an dieser Arbeit war es, wie viel Planung und Aktivität notwendig war, um einen Untätigen ins Zentrum eines Films zu setzen, wie viel Anstrengungen es bedarf, um der Unterlassung künstlerisch etwas abzugewinnen und ihr im Bewusstsein des Zuschauers Raum zu verschaffen.« Pörksen berichtet dort auch, was ihn überhaupt dazu gebracht hat, sich dermaßen konzentriert und ausdauernd mit dem Thema Nichtstun und Nichtsnutzigkeit zu befassen: »Das Glück winkt denen, die aktiv sind. Freiwillige Untätigkeit hingegen ist mit einem Verbot belegt, sich für Ereignisarmut zu entscheiden, keine Option. Vergangenes Jahr habe ich mir im Theater ein Stück mit dem Schauspieler Peter René Lüdicke angesehen, der mit genau diesem Verbot gespielt hat, indem er eine virtuose halbe Stunde auf der Bühne nichts gemacht hat. Ein Unterlassungskünstler. Für ihn habe ich ein Drehbuch geschrieben, und wir haben gemeinsam einen Film gedreht, der um diese Gedanken kreist: Peter, ein 50-jähriger Mann, reich und aus intakter Familie, zieht in ein Altenheim, um dort für den Rest seiner Tage zu leben. Er ist ein ›freiwilliger Senior‹, der sich in eine Institution begeben hat, die in der öffentlichen Wahrnehmung so etwas wie eine vorletzte

Ruhestätte ist, ein Ort zum Sterben, nicht zum Leben. Peter jedoch sitzt, heiter und unproduktiv, bei geschlossenen Vorhängen in seinem Zimmer und macht den ganzen Film über keinerlei Veränderung durch. Stattdessen delegiert er, als Held der Passivität, die Aufgabe einer dramatischen Entwicklung an die Nebenfiguren, die mit seiner Entscheidung und seinem Dasein hadern und sich an immer neuen Deutungen versuchen. Während der Arzt in seinem Verhalten Züge einer Depression zu erkennen glaubt und meint, ihm helfen zu müssen, sieht sein Pfleger in ihm ein Vorbild, einen Aussteiger aus der ermüdeten Gesellschaft. Sein Sohn hingegen sieht darin eine Flucht in die Untätigkeit, die letztendlich einem Suizidversuch gleichkommt, und will ihn retten. Eine alte Bewohnerin des Heims verliebt sich schließlich in seine mangelnde Anteilnahme, indem sie genau darin einen Freiraum erkennt, eine wertfreie Zone.«

Zu ergänzen wäre vielleicht noch, dass der einzige zusätzliche »Luxus«, den sich der Held dieses Films mit in seine vorletzte Ruhestätte genommen hat, jene »Ultimate Machine« ist, die Pörksen in diesem Buch am Beginn des zweiten Kapitels beschreibt und die keine andere Funktion hat, als sich, wenn man sie einschaltet, sofort wieder auszuschalten. Dieser Vorgang ist grundlegend für die Metaphysik der Zeitverschwendung.

Ein nutzloser Film über das Nichtstun und die Dynamik, die dieses Nichtstun in seiner Umgebung erzeugt. Und jetzt ein kleines, klug kalkuliertes und solide gearbeitetes Buch über die Freuden der Zeitverschwendung und das Ignorieren ökonomischer Selbstverständlichkeiten. Die Lektüre macht Freude, zumindest mir, und lässt einen mit dem beglückenden Gefühl zurück, man wäre Zeuge eines überfälligen Befreiungsprozesses. Pörksen erlaubt sich ein paar einfache Wahrheiten auszusprechen, die immer noch tabuisiert sind, obwohl die meisten Menschen, wenn auch mit schlechtem Gewissen, zumindest gelegentlich danach handeln. Neu sind sie nicht, und es besteht wahrscheinlich auch keine Gefahr, dass sie eines Tages endgültig in Vergessenheit geraten, aber sie passen als positive Maximen nicht in die Logik der politischen Ökonomie der kreativen Marktgesellschaft, in der rationales Nützlichkeits- und Vorteilsdenken resp. der Privategoismus die Triebfedern allen Handelns sein sollen.

Zeit und Geld sind in dieser Markt- und Leistungsgesellschaft bekanntlich Synonyme, beides darf man nicht verschwenden. Denn an der Zeit bemisst sich die Rationalität jeder ökonomischen Praxis. Die in Relation zum Ergebnis aufgewendete Zeit gibt Aufschluss darüber, ob eine Tätigkeit sinnvoll ist oder nicht. Sie ist nach ökonomischer Auffassung natürlich nur sinnvoll, wenn sie sich rechnet, wenn nicht sofort, dann wenigstens später. Julian Pörksen macht diese scheinbar selbstverständliche Rechnung nicht mit. Er macht die Gegenrechnung auf und versucht, die Notwendigkeit der anderen, dunklen Seite der Ökonomie, die jeder instrumentellen und zweckgerichteten Tätigkeit widersteht, zu erklären. Diese Seite gibt es als negative, als zu überwindende natürlich schon immer, denn wenn es keinen Hang zur Nichtrationalität, zur Verschwendung, zum Exzess und zum Asozialen gäbe, würde jedes zweckmäßige Handeln, jede Selbstdisziplinierung überflüssig sein und ins Leere zielen. Das heißt: All diese schönen Tugenden wie Disziplin, Selbstbestimmung, Optimierung sind nur so lange sinnvoll postulierbar, wie es entgegengesetzte Tendenzen gibt, die eingedämmt und in Schach gehalten werden müssen. Wenn Disziplinlosigkeit und Lethargie endgültig abgeschafft wären, wären im selben Augenblick auch ihre Gegenbegriffe sinnlos geworden.

Aber in dem Diskurs, in dem Pörksen sich bewegt, geht es nicht primär um diese Wechselbegrifflichkeit, sondern um eine irritierende Umwertung des Nutzlosen. Die normalerweise nur kritisch gebrauchten Termini werden positiv gewendet. Zeitverschwendung soll nun etwas Wichtiges und Gutes sein. Das erinnert an Kants ästhetische Urteilskraft: Das »interesselose Wohlgefallen« am Schönen, also die Freude an etwas, das für nichts zu gebrauchen ist – eine Freude, die Kant allein der ästhetischen Betrachtung vorbehält. Auch Schiller hat dem »ästhetischen Bildungstrieb« (der uns »von allem, was Zwang heißt, sowohl im Physischen als im Moralischen entbindet« [Friedrich Schiller, *Über die ästhetische Erziehung des Menschen*]) ein eigenes »fröhliches Reich« zugewiesen, in dem er sich spielerisch jenseits aller

Zwecke äußern darf, solange er den Scheincharakter seines Tuns nicht leugnet. Für Pörksen sind Zeitverschwendung und Nichtstun jedoch nicht nur ästhetische, sondern auch im täglichen Leben wünschenswerte Positionen. Ästhetische Positionen außerhalb der Kunst geltend zu machen, gilt aber grundsätzlich als suspekt. Einer der ersten, die das erfahren mussten, war Dostojewski, der mit der sogenannten Zweckrationalität der politischen Ökonomie explizit auf Kriegsfuß stand und den »Unsinn« dagegensetzte. In den *Aufzeichnungen aus dem Kellerloch* beschrieb er die Mechanik einer ständigen Vervollkommnung der Menschheit durch konsequenten Vernunftgebrauch als abstoßend und anrüchig. Für den Mann im Kellerloch war die Vorstellung ein Alptraum, alles menschliche Verhalten ließe sich durch rationale Höherentwicklung zwingend und gültig festlegen. Der eigene Vorteil als unbestreitbare Richtschnur allen Handelns erschien ihm als Sackgasse, das Handeln im »wohlverstandenen Eigeninteresse« und die Maxime, sich selbst niemals zu schaden, fand er empirisch falsch und unmenschlich. Solche Maximen hätten langfristig das Ende jeder Art von Überraschung und Unberechenbarkeit zur Folge, also gerade dessen, was menschliche Lebewesen im Unterschied zu Maschinen ausmache. Durch das ökonomische Vorteilsdenken würden die Menschen zu »Drehorgelstiften«, die nichts anderes tun, als zu funktionieren. Es gäbe keine Wahlmöglichkeiten mehr und keine Freiheit, wenn im Fortschreiten der Vernunft ein für allemal geklärt würde, was in jeder denkbaren Situation das Vorteilhafteste für uns wäre.

Dostojewski war vor 150 Jahren wahrscheinlich einer der ersten, der diese logische Kehrseite des rationalen Vorteilsdenkens, des planenden Kalküls, beschrieben hat. Er zog dann sozusagen die Notbremse, indem er den größten Vorteil ausgerechnet in der Nicht-Rationalität, im Ignorieren des Kalküls, im Unsinn zu finden meinte: »Sein eigenes uneingeschränktes und freies Wollen, seine eigene, selbst die allerausgefallenste Laune, seine Phantasie, die zuweilen bis zur Verrücktheit verschroben sein mag – das, gerade das ist ja [für den Menschen] jener übersehene allervorteilhafteste Vorteil, der sich nicht klassifizieren läßt und durch den alle Systeme und Theorien fortwährend zum Teufel gehen.« (Fjodor Dostojewskij, *Aufzeichnungen aus dem Kellerloch*, Frankfurt, 2003)

Dostojewskis These, dass Menschen nur dann beweisen können, dass sie keine »Drehorgelstifte« sind, wenn sie nicht tun, was man von ihnen erwartet, sondern etwas Unsinniges und dass darin ihre ganze Kraft besteht, würde, wenn man sie ernst nimmt, die gesamte politische Ökonomie torpedieren, die bis heute bei den Marktteilnehmern Nützlichkeit und Effektivität des Handeln als oberste Maximen unterstellen muss.

Hier, im St. Petersburger Kellerloch, kommt ein Gedanke zur Welt, der Nietzsche so begeisterte, dass er Dostojewski »zum Glücksfall seines Lebens« erklärte. Und in dieser

Tradition bewegt sich natürlich auch Batailles Theorie der Verschwendung.

Vor diesem Hintergrund stellt Julian Pörksen zwei Modelle der Subjektkonstitution, also dessen, was uns zu Menschen macht, gegenüber: das bei uns immer noch vorrangig geltende »zeitökonomische Modell«, das unsere Autonomie betont und davon ausgeht, dass wir durch gegenständliche Tätigkeit die Welt nach unserm Willen gestalten und dadurch so etwas wie eine Identität erlangen. Das heißt Selbstbewusstsein konstituiert sich als Bewusstsein unserer Wirksamkeit in der Welt. »Das Wesen des Ich besteht in seiner Tätigkeit.« (Johann Gottlieb Fichte) Und das entgegensetzte Modell, das Pörksen bei Bataille findet, dass wir uns erst dann selber als selbstbewusste Wesen begreifen können, wenn wir auf gegenständliche Tätigkeit verzichten, wenn wir uns der Weltaneignung entziehen, wenn wir uns und anderes nicht bestimmen, sondern uns bestimmen lassen. Batailles Konsequenz: »*Selbstbewußtsein* (...) heißt ein Bewußtsein, *das nichts mehr zum Gegenstand hat.*« (Georges Bataille, *Die Aufhebung der Ökonomie*, München, 1985)

Pörksen macht das zweite Modell stark, er setzt es mit Bataille gegen die Produktionslogik der »vita activa« und entwickelt einen qualitativen Zeitbegriff, mit dem sich zumindest temporär ein anderer Lebensmodus realisieren läßt: Faulheit, Nichtstun, Trödeln, Schwänzen, Flanieren, Warten auf nichts bestimmtes – alles, was zur Zeitverschwendung geeignet ist, alles Unproduktive schafft Identität. Der

Zustand der ästhetischen Kontemplation, der nicht auf das Reich des ästhetischen Scheins beschränkt bleibt, ist entscheidend: Passivität wird als Bedingung der Subjektidentität und nicht wie im ersten Modell als deren Verhinderung gesehen.

Der einzige lebende Philosoph, der etwas Ähnliches vertritt, ist Boris Groys, der wie Dostojewski aus St. Petersburg stammt und schon vor Jahren bei einem Gespräch (abgedruckt in *Einbruch der Realität – Politik und Verbrechen*, Alexander Verlag Berlin 1992) über Dostojewski, Bachtin und Bulgakow folgendes Subjekt- oder Seelenmodell vorstellte: »Ich würde sagen, dass die Seele allgemein ein ruhiges Element ist. Das einzige, was der Mensch tun möchte, ist sich entspannen, sonst nichts. (...) Man muss sich ein Seelenmodell wie das folgende vorstellen: Man befindet sich ursprünglich im Gleichgewicht, wird aus diesem Gleichgewicht hinausgeworfen, tut etwas, um es wiederherzustellen – und dieses Ritual wiederholt sich ständig. Das ganze Leben ist mehr Inszenierung dieser Anstrengung als die Anstrengung selbst.« (Groys, 1992, S. 65 f.) Ob das, was hier beschrieben wird, ein Modell der »russischen Seele« ist, weiß ich nicht, auf jeden Fall widerspricht es zutiefst der Produktionslogik westlichen Denkens, in der die Seele ein unruhiges Element ist, das nur zur Wiederherstellung der Unruhe oder zur Regeneration der Arbeitskraft gelegentlich eine Pause einlegen muss. Auffällig ist, das weder Boris Groys noch Julian Pörksen selber diesen von ihnen propagiertem Gegenmodellen zu folgen scheinen. Groys ist als Professor, Schriftsteller und Kurator ein höchst produktiver intellektueller Arbeiter und Julian Pörksen habe ich als gut organisierten, zuverlässigen persönlichen Mitarbeiter von Christoph Schlingensief kennengelernt, bevor er sein Studium in Leipzig begann. Von einem besonderen Hang zur Zeitverschwendung haben die Lehrenden, ich war einer von ihnen, während seines Studiums nichts bemerkt.

Pörksen und Groys scheinen selbst ein anderes Subjekt- oder Lebensmodell zu verfolgen, als das von ihnen vertretene und propagierte. Es ist aber auch nicht das ökonomische Autonomiemodell. De facto vertreten sie beide Modelle gleichzeitig, obwohl diese sich gegenseitig ausschließen. Sie wollen gleichermaßen passiv und aktiv sein. Das ist ein Widerspruch, aber vielleicht ein unvermeidbarer. Denn wenn sich überhaupt so etwas wie ein Subjekt, ein lebendiges selbstbewusstes Wesen konstituieren soll, ist dies nur im Konflikt, im Widerspruch zwischen diesen beiden Modellen möglich, weil erstens Autonomie und Determination Wechselbegriffe sind, die darauf verweisen, dass das eine nicht ohne das andere möglich ist und dadurch zweitens beide Subjektmodelle interdependent und somit nicht substituierbar sind. Oder einfacher gesagt: Selber bestimmen und sich bestimmen lassen sind zwei gegensätzliche Arten des Weltbezugs, die sich gegenseitig bedingen. Keins geht ohne das andere. Das Subjekt konstituiert sich im notwendigen Selbstwiderspruch.

Dass beide Seiten notwendig sind, wissen auch Groys und Pörksen, sonst würden beide nicht so viel arbeiten. Warum setzen sie sich dann so vehement für Faulheit und Verschwendung ein, und warum wirkt das so befreiend? Ganz einfach: Unsere Gesellschaft hat die eine Seite hypertrophiert und versucht, der anderen Seite die Berechtigung zu nehmen. Es handelt sich bei ihren Aufrufen zur Zeitverschwendung oder zum Nichtstun um eine strategische Intervention zugunsten dessen, was die Leistungs- und Kreativitätsgesellschaft sträflich vernachlässigt. Für Pörksen wäre das Theater für solche Strategien der ideale Ort, denn es ist eine der Zeitverschwendung gewidmete Institution, hier wird mit großem Einsatz jenseits aller rationalen Zeitökonomie etwas hergestellt, das kein vorgängiges Interesse bedient und keinen Nutzen kalkulieren muss, und die Zuschauer gucken sich das an, ohne einen bestimmten Nutzen davon zu erwarten.

Boris Groys sagte auf die Frage, ob sein Modell nicht ein bisschen einseitig die Kontemplation ins Zentrum stelle: »Da stimme ich zu. Aber man kann sicher sein, dass andere aktiv sind – und mit der Zeit noch aktiver werden. Auf Aktivität und Kreativität ist immer Verlass.« (In: Carl Hegemann/Boris Groys, »Metanoia. Der Künstler als unbewegter Beweger oder die Welt als ewige Ruhestätte«, *Lettre International*, Herbst 2010)

Wir haben es also hier gar nicht nötig, uns an Karl Marx' schwer zu bestreitende Einsicht zu erinnern, dass eine

Nation, die auch nur wenige Wochen die Arbeit einstellen und sich der Faulheit ergeben würde, eine tote Nation wäre. Dass so etwas wirklich passiert, ist in der westlichen Zivilisation nicht zu erwarten. Und deshalb, so Groys weiter, »kann man sich auch entspannen in Bezug auf seine eigene Positionierung in der Welt. Die anderen werden dich schon positionieren, auch wenn du das nicht willst. Also, man braucht sich darum nicht zu kümmern.« (Ebd.) Vor diesem Hintergrund kann man dann auch die folgenden Äußerungen von Groys nachvollziehen, die ich hier gerne vollständig wiedergeben möchte, auch wenn dieses Vorwort nun ziemlich zitatlastig wird: »Wir müssen uns nicht sorgen, dass nichts mehr kreiert wird; die ganze Menschheit kreiert, alle sind vital, alle sind voller Kraft. Wir müssen daran arbeiten, keine Kraft zu haben, nichts zu tun, nichts zu produzieren (…), um eine Position zu bewahren, die zentral für eine Zivilisation und Kultur bleibt, in der nur eines gefordert wird: aktiv zu sein. Diese unglaubliche Aktivität, dass alle Menschen sich zeigen wollen und permanent etwas tun wollen, warum geschieht das? Weil die Menschen denken, dass jemand sie beobachtet und das, was sie tun, gut findet. Lange Zeit war das Gott. Er saß im Himmel und schaute ihnen zu, und dieses Gefühl hat sie vorangebracht, deswegen haben sie sich so angestrengt. Jetzt ist der Gott tot. Was tun? Jetzt müssen wir diese kontemplative Position selbst produzieren, damit die Aktivität weitergeht. Die Aktivität geht weiter, weil Duchamp, Warhol und Schlingensief die Menschen beobachten – anstelle Gottes. Sonst würde niemand etwas tun. Sie vertreten den unbewegten Gott, der alles bewegt.« (Ebd.)

Dieser metaphysische Aufruf, der Künstler und kontemplative Nichtstuer zu »unbewegten Bewegern« erklärt, die an die Stelle Gottes treten sollen, begreift sich als Rettungsversuch der Aktivität. Pörksens Film über das reine Nichtstun illustriert das ganz gut: Wenn einer sich hinsetzt und nichts mehr tut, beginnen alle anderen wie verrückt aktiv zu werden, wir brauchen uns um die Aktivität keine Sorgen zu machen. Könnte das aber auch heißen: Zeitverschwendung, Nichtstun bis hin zur Asozialität sind temporär notwendige Zustände, auf die sich das Subjekt selbstbewusst und angstfrei einlassen sollte, wenn es nicht verkümmern will? Es sieht ganz so aus. Aber diese außerökonomischen Erfahrungsweisen der Kontemplation gedeihen nur, wenn sie nicht ihrerseits funktionalisiert und in den ökonomischen Prozess eingespeist werden. Der Zwang zur Durchökonomisierung der gesamten Lebenszeit ist eine Sackgasse, selbst für die Ökonomie.

Carl Hegemann, geb. 1949, ist Professor für Dramaturgie an der Hochschule für Musik und Theater in Leipzig und seit der Spielzeit 2011/12 Dramaturg am Thalia Theater Hamburg.

EINLEITUNG

Den Anlass für diese Auseinandersetzung hat eine Reihe von Erfahrungen gegeben, die sich, bei aller Verschiedenheit, in einem Punkt gleichen: Sie haben ein bestimmtes Zeitbewusstsein außer Kraft gesetzt. Ob es sich dabei um Zustände extremer Verliebtheit oder um die Betrachtung eines geglückten Theaterabends, um das achtstündige Warten auf einen Zug auf einem indischen Bahnsteig oder um ein zufälliges, ausschweifendes Gespräch gehandelt hat – in allen Fällen hat eine Veränderung des Zeitempfindens stattgefunden. Es waren Momente freudiger Erwartungs- und Absichtslosigkeit, einer angenehm passiven Erfahrung der Ereignisse, eines zwanglosen Umgangs mit der Zeit. Die Pflicht, sie zu nutzen, ihr etwas abzugewinnen, war für eine Weile suspendiert.

Ausgehend von dieser Beobachtung habe ich mich mit einer Reihe von Phänomenen und Figuren auseinandergesetzt, die auf unterschiedlichste Weise mit diesem Zwang zur ökonomischen Auswertung von Lebenszeit brechen: mit Becketts unglücklichen, zur Tatenlosigkeit verdammten Clowns, mit Melvilles Verweigerungskünstler Bartleby, mit Büchners Helden des Müßiggangs, mit Gontscharows der Trägheit verfallenem Oblomow, mit Eichendorffs fidel umherirrenden Taugenichts und mit Dantes wartendem Belacqua. Sie alle – ganz gleich ob glücklich oder unglücklich, freiwillig oder unfreiwillig – missachten das Diktat der Uhr, behaupten eine Position der Passivität und befinden sich dadurch in einem bemerkenswerten Missverhältnis zur unausgesetzten Geschäftigkeit der Welt.

Diese Geschäftigkeit beruht auf der Ökonomisierung sämtlicher Lebensbereiche. Alles wird im Kontext der Produktivität begriffen, jede Handlung nach ihrem Nutzen bewertet, jede Zeitspanne nach ihrem Potenzial befragt. Die Uhr skandiert dieses utilitaristische Zeitverständnis allerorts, in Bahnhofsbuchhandlungen liegen Ratgeber zur Verbesserung des Zeitmanagements aus, eine Vielzahl von Seminaren und Kursen versprechen, Techniken zur Optimierung des Zeithaushalts zu vermitteln. Gleichzeitig vermehren sich die Angebote, eben jenem stressigen, vom Gefühl der Zeitnot geprägten Alltag zu entkommen und sich der Informationsflut zu entziehen. Ein Internet-Sabbatical übers Wochenende, ein Klosteraufenthalt, ein paar Tage auf dem Land, so lauten die Empfehlungen von Managern, Politikern, Geschäftsleuten, wenn sie gefragt werden, wie sie sich entspannen. Letztlich dienen diese Auszeiten jedoch der Steigerung der Leistungsfähigkeit und sind damit Teil des Produktivitätsparadigmas. Selbst in den gegenwärtigen Diskursen, die sich um Schnelllebigkeit und Entschleunigung, um die Leistungs- und die Müdigkeitsgesellschaft drehen, bleibt das Nützlichkeitsparadigma in aller Regel unangetastet – es findet lediglich eine Verlagerung des Optimierungszwangs in andere Bereiche statt. Zeit ist Mangelware, so die einhellige Meinung; was als Alternative angepriesen wird, ist eine andere Art der Haushaltsführung, eine Umverteilung der Ressourcen, die jedoch immer noch darauf zielt, der Zeit ein Maximum an Gewinn abzutrotzen. Letztlich gilt der eingangs zitierte Ratschlag, den Mephisto in der Gestalt Fausts einem jungen, desorientierten Studenten erteilt: »Gebraucht der Zeit, sie geht so schnell von hinnen …«

Es soll im Folgenden um genau jenes Moment gehen, in dem dieser ökonomische Zwang zur Zeitausbeutung missachtet wird: um die Zeitverschwendung. Statt sie als unproduktives Ärgernis abzutun, soll eine Apologie der Zeitverschwendung in Form einer begrifflichen Neubestimmung versucht werden. Das erste, allgemeine Kapitel widmet sich daher der Entstehung des herrschenden Zeitmodells und seinen Auswirkungen auf das Bewusstsein, die Erfahrung und das Selbstverständnis. Das zweite Kapitel befasst sich mit Georges Batailles Konzept der Verschwendung, dessen philosophisch-ökonomische Verteidigung des freiwilligen Verlusts als Notwendigkeit und Quelle der Lust die Grundlage des dritten Kapitels bildet. In diesem letzten Teil soll ein Konzept der positiv verstandenen Zeitverschwendung als ein Modus freiwilliger Passivität skizziert werden, um dann einige Phänomene der ungenutzten Zeit dahingehend zu betrachten und abschließend zu fragen, inwiefern das Theater als Anstalt zur Verschwendung von Zeit verstanden werden kann.

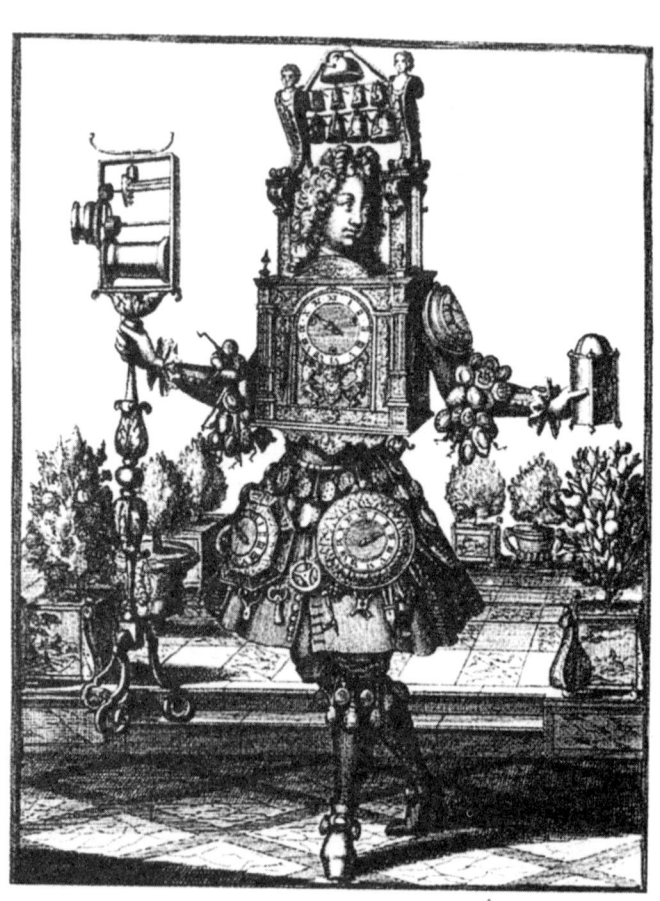

I.
DIE ÖKONOMISIERUNG
DER ZEIT

> *»Was die Macht in erster Linie auferlegt, ist ein Rhythmus*
> *(von allem möglichen:*
> *des Lebens, der Zeit, des Denkens, des Diskurses).«*
> Roland Barthes

Erlebte Zeit, physikalische Zeit

Wie lässt sich Zeit jenseits des herrschenden, von Wissenschaft und Ökonomie geprägten Zeitmodells begreifen? Oder, direkter gefragt: Was ist Zeit? Bei dieser Frage macht sich Unbehagen breit, das Denken gerät ins Stottern, vielleicht wird etwas hilflos auf die Uhr verwiesen, vielleicht werden ein paar Sätze aus dem Physikunterricht exhumiert. Selten ist jemand in der Lage, physikalische oder philosophische Konzepte schlüssig darzulegen. Es soll hier keineswegs die gesamte Bandbreite dieser Erkenntnisse referiert, sondern es sollen lediglich ein paar Unterscheidungen getroffen werden, die für den kommenden Gedankengang von Nutzen sind.

Eine Antwort auf die Frage, was Zeit sei, findet sich bei Augustinus, im elften Buch der *Confessiones*: »Wenn mich niemand danach fragt, weiß ich es; will ich einem Fragenden es erklären, weiß ich es nicht.«[1] Eine in mehrfacher Hinsicht exemplarische Antwort. Denn wenn es ein intu-

---

1 Augustinus: *Bekenntnisse*. Hrsg. von Jörg Ulrich. Frankfurt am Main/ Leipzig, 2007, S. 275.

itives Wissen um die Zeit gibt, dieses Wissen jedoch nicht ertragreich befragt werden kann – weder von anderen, noch von einem selbst –, es sich seiner Formulierung im Moment des Fragens entzieht, lassen sich nur zwei Schlüsse ziehen. Entweder ist Zeit kein sinnvoller Gegenstand philosophischer Spekulationen und es bleibt nichts übrig, als die geistigen Waffen zu strecken; oder die Eingangsfrage ist falsch gestellt und bedarf einer Reformulierung. Letzteres unternimmt Augustinus, indem er zunächst feststellt, dass die drei Zeiten – Vergangenheit, Gegenwart und Zukunft – nicht im eigentlichen Wortsinn *sind*: »Diese beiden Zeiten, Vergangenheit und Zukunft, wie sollten sie seiend sein, da das Vergangene doch nicht mehr ›ist‹, das Zukünftige noch nicht ›ist‹? Die Gegenwart hinwieder, wenn sie stetsfort Gegenwart wäre und nicht in Vergangenheit überginge, wäre nicht mehr Zeit, sondern Ewigkeit.«[2] Zeit manifestiert sich demnach in der Fähigkeit, Ereignisse zu unterscheiden, sie vom Standpunkt der Gegenwart in eine Reihenfolge zu bringen, ein Früher und ein Später in Abgrenzung zu einem Jetzt zu konstatieren. Obwohl also von einem ›Sein‹ der Zeiten nicht gesprochen werden kann, existieren sie, und zwar in der Gegenwart des Bewusstseins: als ›Erinnerung‹, ›Augenschein‹ und ›Erwartung‹.[3] Diese Trias jedoch, und damit schließt sich der Zirkel, lässt lediglich Rückschlüsse

2 Ebd., S. 275.
3 Ebd., S. 281.

auf das Zeitempfinden und -bewusstsein des Einzelnen zu, nicht aber auf das Wesen der Zeit. Und so muss die Frage nach der Zeit immer eine Frage danach sein, wie Zeit erlebt und empfunden wird.

In ganz ähnliche Betrachtungen verstrickt sich Hans Castorp, der Held in Thomas Manns *Zauberberg*. Ziemlich zu Beginn seines Kuraufenthalts steht Castorp auf der Terrasse des Sanatoriums, leistet seinem Vetter Joachim Gesellschaft beim Fiebermessen und ergeht sich in Überlegungen zum Phänomen der Zeit – nicht ahnend, dass er sich dabei aus dem Kernrepertoire philosophischer Zeitmodelle bedient. »»Was ist denn die Zeit?‹, fragte Hans Castorp und bog seine Nasenspitze so gewaltsam zur Seite, dass sie weiß und blutleer wurde.«[4] Es entspinnt sich ein Gespräch, aus dem sich zwei grundlegende Positionen herauskristallisieren lassen: Vertreter der Ersten ist Joachim, der darauf beharrt, dass es eine ›eigentliche‹ Zeit gebe, da sie sich ja messen lasse.[5] Diesem physikalischen Zeitbegriff steht Hans Castorps relativistische, bis in die Formulierungen hinein von Augustinus geprägte Zeitphilosophie gegenüber, deren Zentrum das Zeit-Erleben ist, die Wahrnehmung der Zeit durch das Subjekt.

Dabei ist eine banale, aber entscheidende Beobachtung Ausgangspunkt von Castorps Überlegungen: nämlich die Möglichkeit, eine völlig unterschiedliche Wahrnehmung

---

4 Thomas Mann: *Der Zauberberg*. Frankfurt am Main, 1995, S. 93.
5 Ebd., S. 92 f.

derselben physikalischen Zeitspanne zu haben, die Dauer eines Zeitintervalls – der berühmten Minute – völlig unterschiedlich zu empfinden. »Um meßbar zu sein, müßte sie [die Zeit, Anm. d. Autors] doch gleichmäßig ablaufen, und wo steht denn das geschrieben, daß sie das tut? Für unser Bewußtsein tut sie es nicht, wir nehmen es bloß der Ordnung halber an, daß sie es tut, und unsere Maße sind doch bloß Konventionen, erlaube mir mal ...«[6] Diese Erfahrung einer grundlegenden Differenz zwischen erlebter und physikalischer Zeit, zwischen der ungleichförmigen Wahrnehmung einer gleichförmig getakteten Kontinuität, wird später erneut von Bedeutung sein.

Die Maße und Konventionen, die wir nur ›der Ordnung halber‹ annehmen, beruhen auf einem physikalischen Zeitbegriff, auf der Vorstellung von Zeit als einem linearen Kontinuum, das sich in gleichbleibende, zyklisch wiederkehrende Intervalle einteilen lässt. Diese Einteilung hat sich nach und nach etabliert und zu einer weltweit einheitlichen Fixierung und Synchronisierung des ›Zeitverlaufs‹ geführt. Doch ist diese Zeitstruktur keineswegs eine Repräsentation der ›eigentlichen‹ Zeit, sie ist kein Abbild ihres ›natürlichen Verlaufs‹, sondern eine historisch gewachsene, sozial normierte Konstruktion,[7] die in der Uhr ihren omnipräsenten Ausdruck findet. »Wenn unsere Uhren nur Maschinen wä-

---

6 Ebd., S. 93.
7 Vgl. Norbert Elias: *Über die Zeit. Arbeiten zur Wissenssoziologie II*. Hrsg. von Michael Schröter. Frankfurt am Main, 1988, S. 78 ff.

ren, die Zeit messen, dann könnte die Veränderung nicht so bedeutend sein. Einschneidender ist die Tatsache, daß sie Maschinen sind, die Zeit schaffen, die Zeit hervorbringen.«[8] Dass dieses Zeitmodell unseren Alltag maßgeblich beherrscht, lässt sich aus seiner letztlich ökonomischen Funktion erklären. Die Uhr ist zu einem entscheidenden Instrument der Kontrolle geworden, zu einer Messlatte der Produktivität; sie bildet das Schema, nach dem abgerechnet werden kann, indem sie es ermöglicht, Soll (veranschlagte Zeit) und Haben (benötigte Zeit) in Rechnung zu stellen. Das derart ökonomisch geprägte Zeitbewusstsein lässt Zeit als etwas erscheinen, das zur Verfügung steht; Lebenszeit wird als ein Potenzial begriffen, das gestaltet und ausgewertet werden kann, als ein vorhandenes Kapital, das es auszubeuten gilt. Die Vorherrschaft dieser Vorstellung wird schon im alltäglichen Sprachgebrauch sichtbar. Spricht man von Zeit, bedient man sich einer Ausdrucksweise, die von ökonomischen Begriffen durchsetzt ist: Zeit kann besessen und gegeben, gemanaged und budgetiert, geraubt, gestohlen und gespart, gewonnen und verloren, genutzt und verschwendet werden.

Wie ist dieses ökonomische Zeitmodell entstanden? Welche Veränderungen des Bewusstseins und des Selbstverständnisses haben diesen Normierungsprozess begleitet? Ein paar wichtige Aspekte dieser Entwicklung will ich im Folgenden knapp skizzieren.

---

8 Ernst Jünger: *Das Sanduhrbuch*. Frankfurt am Main, 1957, S. 129.

Uhrzeit

Das Geschenk der ersten Uhr ist, wenigstens in meiner Erinnerung, ein seltsam einschneidendes Moment in der Kindheit gewesen. Nicht, dass ich viel mit dem Konzept Uhrzeit anfangen konnte – das Dasein hatte andere Rhythmen, die Eltern waren für die Strukturen zuständig, sie haben den Tag eingeteilt und verwaltet. Der Reiz des Geschenks beruhte auf seinem Symbolcharakter, auf dem damit verbundenen Gefühl, von nun an ein wenig zur Welt der Erwachsenen zu gehören, in ihre Gesetze eingeweiht zu werden. Entsprechend habe ich anfangs – stolz und übereifrig – bis auf die Sekunde genau Auskunft gegeben, sobald mich jemand fragte, wie spät es sei. Die Implikationen dieser Zeit-Gabe beschreibt Ernst Jünger in seinem *Sanduhrbuch*: »Wenn wir dem Kinde eine Uhr schenken, so bedeutet das eher, daß wir ihm einen Teil unserer Verantwortung aufbürden. Doch ist es notwendig, denn unser Rhythmus ist Uhr-Rhythmus, und man darf sagen, daß das große Schauspiel der Maschinentechnik und immer strengeren Automatik mit dem Gange der ersten Räderuhr begann.«[9]

Vor der Erfindung und Durchsetzung der mechanischen Uhr, die von den meisten Historikern grob auf den Anfang des 14. Jahrhunderts datiert wird,[10] waren Alltag und

---

9 Ebd., S. 18.

10 Vgl. Carlo M. Cipolla: *Die gezählte Zeit. Wie die mechanische Uhr das Leben veränderte.* Berlin, 1997.

32

Arbeit vorwiegend von natürlichen Rhythmen bestimmt: von den Jahreszeiten, dem Stand der Sonne, dem Wechsel der Gezeiten, den Konstellationen der Himmelskörper. Nur wenige, entscheidende Zeitpunkte, wie Aussaat und Ernte, wurden von religiösen, später auch staatlichen Autoritäten festgelegt und öffentlich bekannt gegeben. Dieses zyklische, bedürfnisorientierte Zeitmodell der Agrargesellschaft wurde in der Neuzeit von einem neuen Modell abgelöst.

Wie die Etablierung des Kalenders eine wichtige Voraussetzung zur Entwicklung des Handelskapitalismus war, so wurde die mechanische Uhr – im Spätmittelalter noch ein seltenes, prestigeträchtiges Zierelement an Kirchtürmen, Palästen und Klöstern – zu einem zentralen Instrument des aufkommenden Industriekapitalismus.[11] Zwar gab es schon sehr viel früher Techniken, Zeit zu messen (Sonnen- und Wasseruhren, Kerzen- und Sanduhren), doch unterschieden sich diese Verfahren in drei wesentlichen Punkten von den Möglichkeiten der mechanischen Uhr: Erstens erlaubten sie lediglich eine Unterteilung in mehr oder weniger grobe Einheiten. Zweitens waren diese Einheiten nicht aufeinander abgestimmt, und es gab daher kein allgemein genormtes Bezugssystem, die Zeiterfassung differierte dementsprechend von Ort zu Ort. Drittens fanden sich diese nichtmechanischen Uhren nur in exklusiven Einrichtungen

---

11 Vgl. Kerstin Jürgens: *Die Ökonomisierung von Zeit im flexiblen Kapitalismus.* In: WSI Mitteilungen, 4/2007, S. 167–173.

(v. a. in Klöstern und Palästen), waren also nicht öffentlich zugänglich und hatten daher kaum Einfluss auf die zeitliche Gestaltung der Produktion und des Lebens. Erst die mechanische Uhr, deren Entwicklung von der Etablierung eines scientistischen, zunächst vor allem physikalisch geprägten Weltbilds begleitet wurde, erlaubte es, ein exaktes, genau reglementiertes, einheitliches und öffentliches Zeitbezugssystem durchzusetzen,[12] das unser heutiges Verständnis und Bewusstsein prägt: Zeit ist Uhrzeit.

---

12 Vgl. Cipolla (1997), S. 19 ff.

Das Diktat der Uhr. Zeit und Disziplin

Die ersten Formen einer strikt in Einheiten unterteilten, streng methodischen Lebensführung finden sich in klösterlichen Gemeinschaften[13]: »Jahrhundertelang waren die religiösen Orden Meister der Disziplin: sie waren die Spezialisten der Zeit, die großen Techniker des Rhythmus und der regelmäßigen Tätigkeiten.«[14] Diese Technik der schematischen Zeitplanung und -kontrolle wird seit Beginn der Neuzeit zum Vorbild der verschiedensten Institutionen: des Militärs, der Fabriken, der Kollegs, der Werkstätten, der Kirchen, Spitäler, Schulen und Gefängnisse. Die Lebensrhythmen werden zunehmend vereinheitlicht, Tagesabläufe werden festgeschrieben, Stundenpläne erstellt, ein Zeitraster legt fest, wann welcher Tätigkeit nachzugehen ist und welche Dauer jeder einzelnen Tätigkeit zusteht. Im Zuge dieses Rationalisierungsprozesses, der Arbeit und Freizeit, öffentlichen und privaten Raum gleichermaßen durchdringt, gerät der Körper ins Zentrum der Aufmerksamkeit. Er wird, so Foucaults Analyse, zum Schauplatz des neuen, ökonomischen Zeitregimes: Gesten und Haltungen werden festgelegt, Bewegungsabläufe optimiert, die erschöpfende Ausbeutung der körperlichen Potenziale soll durch seine

---

13 Vgl. Michel Foucault: *Überwachen und Strafen. Die Geburt des Gefängnisses.* Frankfurt am Main, 1989, S. 192.
14 Ebd.

Disziplinierung gewährleistet werden[15]: »Jeder Bewegung wird eine Richtung, ein Ausschlag, eine Dauer zugeordnet; ihre Reihenfolge wird vorgeschrieben. Die Zeit durchdringt den Körper und mit der Zeit durchsetzen ihn alle minutiösen Kontrollen der Macht.«[16] Was hier anklingt: Der von Technik, von Arbeit und Disziplin beherrschte Körper wird von einer mechanistischen, materialistischen Philosophie begleitet, die in La Mettries *L'homme machine* (1748), dem Entwurf des Maschinen-Menschen, ihren prominentesten Verteidiger hat. Konsequenterweise erfolgten zur gleichen Zeit die ersten praktischen Versuche, Maschinen zum Leben zu erwecken. Ein Zeitgenosse La Mettries, der Ingenieur und Erfinder Jacques de Vaucanson, unternimmt mehrere Anläufe, lebendige Maschinen zu erschaffen. Sein Meisterstück wird eine mechanische Ente, bestehend aus 400 Einzelteilen, die mit den Flügeln schlagen, quaken, trinken und essen kann, die aufgenommene Nahrung in einem mit Chemikalien präparierten Darm ›verdaut‹ und in nahezu naturgetreuer Form wieder ausscheidet.

Das umfassende, durch Sanktionen und Kontrolle eingeführte Zeitregime beruhte anfangs auf einem Herrschaftswissen in Sachen Zeit: In den Fabriken war es verboten, Uhren zu tragen, die Überwachung der Zeit unterlag allein den Vorgesetzten. Das änderte sich jedoch rasch. Die Zeit

---

15 Ebd., S. 191 f.
16 Ebd., S. 195.

wurde zunehmend öffentlich gemacht, die Uhr in ein omnipräsentes Instrument der Kontrolle verwandelt – Stechuhren dienten der exakten Markierung von Arbeitsbeginn und -ende, Wanduhren dem ständigen Abgleich von Soll und Haben, von planmäßigem und tatsächlichem Zeitaufwand. Infolge dieser Entwicklung der Arbeitswelt etablierte sich die Aufteilung in Arbeitszeit und Freizeit. Allerdings galt Freizeit von Anfang an lediglich als eine notwendige Phase der Erholung, sie diente der sozialen und biologischen Reproduktion.[17] Auf diesen regenerativen Aspekt reduziert, ist sie direkt an das Prinzip der zeitlichen Ausbeutung gekoppelt und damit gleichermaßen vom Nützlichkeitsdenken durchdrungen.

Einen anderen Aspekt dieses ökonomischen Bewusstseins, das in alle Sphären des Lebens eindringt, untersucht Max Weber in seiner Schrift *Die protestantische Ethik und der ›Geist‹ des Kapitalismus.* Hier entwickelt er die These, dass der Protestantismus (und insbesondere der Calvinismus) den idealen Nährboden für den aufkommenden industriellen Kapitalismus bereitet habe: ein ausgeprägtes Schuld- und Pflichtbewusstsein gepaart mit einem Ethos, das in der Geschäftigkeit die erste und oberste Tugend des Gläubigen erblickt. Die weltanschaulichen Hintergründe, die der Zweckrationalisierung des Lebens und der Lebenszeit Vorschub geleistet haben, bilden das Zentrum von Webers

---

17 Vgl. Jürgens (2007), S. 168.

Untersuchung. »Nicht Muße und Genuß, sondern *nur Handeln* dient nach dem unzweideutig geoffenbarten Willen Gottes zur Mehrung seines Ruhms. *Zeitvergeudung* ist also die erste und prinzipiell schwerste aller Sünden. Die Zeitspanne des Lebens ist unendlich kurz und kostbar, um die eigene Berufung ›festzumachen‹. Zeitverlust durch Geselligkeit, ›faules Gerede‹; Luxus, selbst durch mehr als der Gesundheit nötigen Schlaf – höchstens 6 bis 8 Stunden – ist sittlich absolut verwerflich.«[18]

Das weltliche Dasein wird, so Weber, von einem ursprünglich religiös motivierten Imperativ geleitet, der sich auf die Formel »Zeit ist Geld« verknappen ließe – das Spektrum der Sprichwörter, Lebensweisheiten und geflügelten Worte, die ganz im Geist jenes Arbeitsethos angesiedelt sind, ist entsprechend breit: »Zeit ist kostbar«, »Morgenstund hat Gold im Mund«, »Müßiggang ist aller Laster Anfang« usw.

Dieses Ethos erstreckt sich jedoch keineswegs nur auf die Sphäre der Arbeit, sondern auf die gesamte Lebenszeit, die mehr und mehr zum Gegenstand zeitökonomischer Planung wird, indem Essens-, Schlafens- und Ruhezeiten in Raster eingeteilt werden und alle »unnützen Tätigkeiten« einer zunehmenden Stigmatisierung anheimfallen. Ein neuartiges Feindbild entsteht: die Figur des Selbstdisziplinlosen. In dieser Figur – dem Faulenzer, Tagedieb, Parasiten und

---

18 Max Weber: *Die protestantische Ethik und der ›Geist‹ des Kapitalismus.* In: ders.: *Gesammelte Aufsätze zur Religionssoziologie I.* Tübingen, 1988, S. 167.

Müßiggänger – kulminiert das Zeitbewusstsein in negativem Sinne. Sie verletzt, so der Vorwurf, ihre oberste Pflicht, indem sie sich weigert, ihre Lebenszeit in einen produktiven Verwertungszusammenhang zu stellen.[19]

Was zunächst als ein Zusammenspiel äußerlicher Maßnahmen begonnen hat – die Strukturierung der Arbeit, die Disziplinierung der Körper, die Umgestaltung der Institutionen –, wurde durch einen der Religion entwachsenen Tätigkeitszwang ergänzt und hat so zu einem neuen Zeitbewusstsein geführt. In der Soziologie wird dieser Prozess als Internalisierung bezeichnet: Die Zeitauswertungslogik wird langsam verinnerlicht, das Dasein in der Zeit immer stärker vom eigenen Bewusstsein um die Zeit beherrscht.[20] Aus Disziplinierung wird Selbstdisziplinierung, aus Kontrolle Selbstkontrolle.

---

19 Vgl. dazu: Kai van Eikels: *Meine Trägheit ist ebenso furchtlos wie mein Zorn. Ein Lob der Selbstdisziplinlosigkeit.* In: Gunter Gebauer/ Ekkehard König/Jörg Volbers (Hg.): *Selbst-Reflexionen. Performative Perspektiven.* Paderborn, 2012, S. 155–178.

20 Vgl. Jürgens (2007).

Die innere Uhr. Internalisierung und schlechtes Gewissen

Die Verinnerlichung der Zeitauswertungslogik wird von entscheidenden technischen Verbesserungen der Uhr begleitet: Zunächst werden Tischuhren entwickelt, die den Einzug der gezählten Zeit in den Haushalt ermöglichen.[21] Später, mit der Erfindung und Massenproduktion von Taschenuhren, die Mitte des 19. Jahrhunderts einsetzt, wird die Zeit mobil, sie wird zum ständigen Begleiter. Sämtliche Lebenslagen werden zunehmend vom Bewusstsein um ihre zeitliche Verhältnismäßigkeit bestimmt. Gleichzeitig verschwinden die Maßnahmen der Disziplinierung, die äußeren Zwänge – Verträge, Vereinbarungen, Konventionen – verlieren an Relevanz. Stattdessen setzt sich eine Form der freiwilligen Selbstkontrolle durch, der Zeithaushalt wird zu einer privaten, deswegen jedoch nicht weniger restriktiven Angelegenheit.[22]

Diese Form der freiwilligen Unterwerfung und ihre Konsequenzen schildert Nietzsche in einem mit »Muße und Müßiggang« überschriebenen Abschnitt in *Die fröhliche Wissenschaft*: »Man denkt mit der Uhr in der Hand, wie man zu Mittag ißt, das Auge auf das Börsenblatt gerich-

---

21 Vgl. Cipolla (1997), S. 19 ff.
22 Vgl. Jürgens (2007), S. 171.

tet, – man lebt wie einer, der fortwährend etwas ›versäumen könnte‹.«[23] Eine Zeitvorstellung, deren Augenmerk primär auf den ökonomischen Aspekt gerichtet ist, entwickelt im Gegenzug das Schreckgespenst des Versäumnisses und der ungenutzt verstreichenden Zeit. Nietzsche fährt in diesem Sinne fort: »Die *Arbeit* bekommt immer mehr alles gute Gewissen auf ihre Seite: der Hang zur Freude nennt sich bereits ›Bedürfnis der Erholung‹ und fängt an, sich vor sich selber zu schämen. ›Man ist es seiner Gesundheit schuldig‹ – so redet man, wenn man auf einer Landpartie ertappt wird. Ja, es könnte bald so weit kommen, daß man einem Hang zur *vita contemplativa* (daß heißt zum Spazierengehen mit Gedanken und Freunden) nicht ohne Selbstverachtung und schlechtes Gewissen nachgäbe.«[24]

Jede Tätigkeit muss sich durch ihren kommenden Nutzen rechtfertigen lassen, jeder Einsatz von Zeit dadurch legitimiert werden – ob vor der Gesellschaft oder dem eigenen Gewissen. Die von Nietzsche skizzierten psychologischen Auswirkungen sind das Resultat einer kapitalistischen Verwertungslogik, die umfassend internalisiert wurde.

Äußerlich betrachtet wird der nach innen verlagerten Zeit-Kontrollinstanz durch die veränderten Produktionsbedingungen des flexiblen Kapitalismus der Boden bereitet: arbeitszeitliche Festlegungen werden durch Leistungsverein-

---

23 Friedrich Nietzsche: *Die fröhliche Wissenschaft.* Leipzig, 1930, S. 216.
24 Ebd., S. 217.

barungen ersetzt, das Zeitregime von einem Leistungsregime abgelöst, und so verlagern sich die »Kämpfe um die Zeit«, die früher ein Politikum waren und von Gewerkschaften und Verbänden geführt wurden, in das Subjekt selbst.[25] Diese Tendenz verschärft sich bis in die Gegenwart: Das soziale Selbst ist zur eigenständigen Optimierung seines Zeitmanagements angehalten, ein ökonomisch geprägtes Gewissen fragt nach der Zeit und wie sie genutzt wurde, honoriert Tätigkeit, ahndet Untätigkeit und reduziert damit die Frage nach der Qualität der erlebten Zeit auf die Frage nach ihrer nützlichen Verwertung.

25 Jürgens (2007), S. 171.

Geweihte Zeit. Die Pflicht des Verehrenden

Neben den bereits erwähnten Entwicklungen der Arbeitswelt und ihren psychologischen Begleiterscheinungen lässt
sich noch ein weiterer Gesichtspunkt ausmachen, der die
Grundlagen dieser Internalisierungsmechanismen erhellen
kann. Walter Benjamin formuliert 1921 in seiner Fragment
gebliebenen Schrift *Kapitalismus als Religion* eine Gegenpo-
sition zu Max Weber. Während Weber annimmt, dass der
Kapitalismus das protestantische Ethos zwar fortsetze, seinen
religiösen Charakter jedoch eingebüßt habe und demnach
nur in seinen Bedingungen, nicht aber in seiner Ausprägung
religiös zu verstehen sei, begreift Benjamin den Kapitalismus
selbst als ein genuin religiöses Phänomen. »Erstens ist der
Kapitalismus eine reine Kultreligion, vielleicht die extremste,
die es je gegeben hat. Es hat in ihm alles nur unmittelbar mit
Beziehung auf den Kultus Bedeutung, er kennt keine spezi-
elle Dogmatik, keine Theologie. Der Utilitarismus gewinnt
unter diesem Gesichtspunkt seine religiöse Färbung.«[26] Aus
dieser Totalität des utilitaristischen Kultus leitet Benjamin
zwei Schlussfolgerungen ab. Die erste: »Der Kapitalismus
ist die Zelebrierung eines Kultes sans rêve et sans merci. Es
gibt da keinen ›Wochentag‹, keinen Tag, der nicht Festtag
in dem fürchterlichen Sinne der Entfaltung allen sakra-

---

26 Walter Benjamin: *Kapitalismus als Religion.* In: ders.: *Kairos. Schriften
zur Philosophie.* Ausgewählt von Ralf Konersmann. Frankfurt am Main,
2007, S. 110.

len Pompes, der äußersten Anspannung des Verehrenden wäre.«[27] Was Benjamin hier beschreibt, ist die Auflösung der sozialen Rhythmen, die völlige Vereinnahmung sämtlicher Lebensbereiche vom Produktivitätsgedanken, die Aufweichung der Grenzen zwischen Arbeit und Freizeit, Erwerb und sozialer Praxis.

Giorgio Agamben verweist in Auseinandersetzung mit Benjamin darauf, dass es sich hierbei um eine ursprünglich in der Religion beheimatete Technik der Weihung (sacrare) handelt: Geweiht bzw. heilig sind sämtliche Dinge, die durch bestimmte Riten aus der Sphäre des Profanen in die Sphäre des Heiligen versetzt worden sind, allein dieser angehören und sich damit dem täglichen Gebrauch entziehen.[28] Der Kapitalismus habe, so Agamben, diese Struktur der Absonderung übernommen, sie ihrer Exklusivität beraubt und ins Extrem getrieben: »Wo das Opfer den Übergang vom Profanen zum Heiligen und vom Heiligen zum Profanen markierte, vollzieht sich jetzt ein einziger, vielgestaltiger, unaufhörlicher Absonderungsprozeß, der jedes Ding, jeden Ort, jede menschliche Tätigkeit einbegreift.«[29] Die Sphäre, in die sämtliche Bereiche nach und nach abgesondert werden, ist im Kapitalismus nach Agamben die Sphäre des Konsums, wobei hier unter Konsum ein nur auf

---

27 Ebd.

28 Vgl. Giorgio Agamben: *Profanierungen.* Frankfurt am Main, 2005, S. 70 ff.

29 Ebd., S. 79.

den Nutzen ausgerichteter und daher gänzlich einseitiger Verbrauch verstanden wird.[30] Folgt man Agambens Gedankengang, dann ließe sich die von Benjamin konstatierte ›Anspannung des Verehrenden‹ als die (heilige) Pflicht zum Konsum der Zeit verstehen, als der Befehl zum ständigen, einseitigen, ökonomischen Verbrauch der Lebenszeit.

So lässt sich vielleicht begreifen, was Benjamin mit seiner zweiten Schlussfolgerung meint, wenn er den Kapitalismus als einen nicht entsühnenden, sondern verschuldenden Kultus beschreibt. Schuld und Verzweiflung, so seine These, seien das Fundament, die Triebfeder und letztlich auch das Ziel des Systems, das seinen Anhängern ein umfassendes Schuldbewusstsein ›eingehämmert‹ habe.[31] Die Sorgen – im Sinne geistiger, nicht materieller Ausweglosigkeit – seien somit zur neuen Geisteskrankheit der Epoche und zum »Index dieses Schuldbewußtseins« geworden.[32] Teil dieses Schuldkomplexes ist der Umgang mit der Zeit. Sie zu nutzen, ihr etwas Sinnvolles abzugewinnen, ist Pflicht, ihre Verschwendung ein schwerer Verstoß gegen das Dogma. Dabei spielt es keine Rolle, dass dank der technologischen und wirtschaftlichen Entwicklungen immer weniger gearbeitet werden müsste, immer mehr Zeit zur freien Verfügung steht. Denn die Verfügbarkeit der Zeit ist an die Schuld gebunden, sie zu verwerten.

---

30 Ebd., S. 72 f.
31 Benjamin (2007), S. 110.
32 Ebd., S. 112.

Zeitmanagement. Selbstausbeutung und Subjektivation

Vor dem spekulativen Panorama dieser Thesen lässt sich die Frage nach den Auswirkungen einer verinnerlichten ökonomischen Zeitvorstellung unter einem anderen Gesichtspunkt erneut stellen: Inwiefern ist dieses Modell zum zentralen Bezugssystem der Subjektkonstitution geworden? Ist die Angst, sich der Zeitvergeudung schuldig zu machen, nicht auch die Angst davor, eine über die Zeitverwertungsökonomie generierte Identität zu gefährden und, in letzter Konsequenz, zu verlieren?

Die soziologische, anthropologische und philosophische Forschung geht relativ einhellig davon aus, dass das moderne Subjekt seit dem Ende der ständisch oder religiös organisierten Gesellschaften in die Lage – oder Notlage – versetzt worden ist, sich selbst zu konstituieren.[33] Es ist nicht länger die Gesellschaft, die dem Subjekt einen Platz und eine Geschichte zuweist. Die Konstruktion einer Identität, einer Geschichte, einer Herkunft, einer sinnstiftenden, existenzbegründenden Erzählung ist zur alleinigen Aufgabe des jeweiligen Individuums geworden. Zur neuen Freiheit gesellt sich unausweichlich eine neue Pflicht: »Der Mensch

---

33 Vgl. dazu u. a.: Niklas Luhmann: *Soziale Systeme. Grundriß einer allgemeinen Theorie.* Frankfurt am Main, 1994, S. 404 ff.; Georg Simmel: *Das Individuum und die Freiheit.* Frankfurt am Main, 1993.

ist in jedem Augenblick, ohne Halt und ohne Hilfe, dazu verurteilt, den Menschen zu erfinden.«[34]

Dass diese Aufgabe der Selbst-Schöpfung seit dem 20. Jahrhundert zunehmend von ökonomischen Kriterien, von einer letztlich kapitalistischen Erfolgslogik dominiert wird, zeigt Alain Ehrenberg, indem er die Depression als »das genaue Negativ zu den Normen unserer Sozialisation«[35] untersucht. Die Depression sei, so seine These, die Krankheit der Unzulänglichkeit, das schuldhafte Scheitern an der neuen Pflicht der Selbstwerdung.[36] »Die Begriffe Projekt, Motivation und Kommunikation sind die beherrschenden Werte unserer Kultur. (…) Nun ist die Depression eine Pathologie der Zeit (der Depressive hat keine Zukunft) und der Motivation (der Depressive hat keine Energie, seine Bewegungen sind verlangsamt, seine Sprache ist schleppend).«[37] Daraus lässt sich – in einer Umkehrung der Symptomatik – die normative Grundlage des Selbst-Schöpfungs-Auftrags destillieren: Die Arbeit am Selbst findet unablässig statt, ohne Einschränkung und Pause. Die entworfenen Selbstbilder müssen, um als gesund und erfolgreich zu gelten, aus eigenem Antrieb erschaffen und mitgeteilt werden und nicht

---

34 Jean-Paul Sartre: »*Der Existentialismus ist ein Humanismus« und andere philosophische Essays: 1943–1948*, Reinbek bei Hamburg 2010, S. 155.

35 Vgl. Alain Ehrenberg: *Das erschöpfte Selbst. Depression und Gesellschaft in der Gegenwart.* Frankfurt am Main, 2008, S. 306.

36 Ebd., S. 20.

37 Ebd., S. 306.

nur dem Urteil der Gemeinschaft, sondern ebenso der eigenen Begutachtung standhalten.

Die konstitutive Annahme, über sich selbst und seine Zeit restlos zu verfügen, lässt die Zukunft zum Projektions- und Möglichkeitsraum eines Ich-Ideals werden, dessen Realisierung zum zentralen Handlungsmovens wird. Jede Form der Vernachlässigung dieser Arbeit an der eigenen Identität wird nicht nur sozial, sondern gleichermaßen individuell geahndet: von Schuldgefühlen, einem nagenden Gewissen, der Sorge um die Gegenwart als Sorge um die Zukunft. Interessanterweise existiert die Kategorie der Zukunft in dieser Form erst seit dem 17. Jahrhundert,[38] sie ist also relativ jung. Sie ist ein Produkt der Aufklärung, des anthropozentrischen Verständnisses der Welt: Die Zukunft steht nirgends geschrieben, sie wird nicht länger von Gott oder Göttern bestimmt, ihre Gestaltung ist Sache der Menschen.

Die Verquickung eines solchen Zukunftsbegriffs mit dem ökonomischen Bewusstsein lässt die Selbstausbeutung zur obersten Pflicht und Tugend werden. »Keine Lebensäußerung, deren Nutzen nicht maximiert, keine Entscheidung, die nicht optimiert, kein Begehren, das nicht kommodifiziert werden könnte.«[39] Das unternehmerische Selbst ist Ka-

---

38 Vgl. dazu: Harald Welzer: *Mentale Infrastrukturen. Wie das Wachstum in die Welt und in die Seelen kam.* In: *Schriften zur Ökologie*, Band 14, Berlin 2011, S. 30.

39 Ulrich Bröckling: *Das unternehmerische Selbst. Soziologie einer Subjektivierungsform.* Frankfurt am Main, 2007, S. 123.

pital, Produzent und Einkommensquelle in Personalunion,[40] nur die maximale Ausschöpfung der eigenen Potenziale – der Fähigkeiten, der Gefühle und der Zeit – hält den Prozess der unablässigen Selbstschöpfung und -darstellung als erfolgreiche Identität im Gange. Zumindest was die Selbstinszenierung angeht, bieten das Internet und vor allem die sozialen Netzwerke ein ideales Forum. Hier lässt sich ein Lebenslauf als eine pausenlose Folge von Höhepunkten inszenieren, ein unterhaltsames, unternehmungslustiges, erfahrungssattes Selbstbild entwerfen, das in Bildern, Videos, Links und Texten kommuniziert und im besten Fall mit Aufmerksamkeit – mit ›Likes‹, mit Kommentaren – belohnt wird.

Wenn Dasein vor allem Arbeit an sich selbst bedeutet, wenn Zeit primär als Potenzial zur Selbsterzeugung verstanden wird, dann ist die klassische Unterscheidung zwischen Arbeitszeit und Freizeit auch vor diesem Hintergrund obsolet: In beiden Bereichen herrscht eine utilitaristische Zeitauswertungslogik. Allerdings unter teilweise vertauschten Vorzeichen: Während die Arbeitswelt verstärkt mit Begriffen und Konzepten aus dem Bereich der Kreativität operiert, werden viele Freizeitaktivitäten zunehmend von den klassischen Dramaturgien einer Leistungssteigerungsideologie dominiert (Extremsport, Bildungstourismus).[41]

---

40 Vgl. Michel Foucault: *Die Geburt der Biopolitik. Geschichte der Gouvernementalität II*. Frankfurt am Main, 2006.

41 Vgl. dazu: van Eikels (2012).

Diese aus der Arbeitswelt übernommenen Strategien der Selbst-Konstruktion spiegeln sich in nahezu der gesamten Ratgeberliteratur wider. Es sind jedoch keineswegs nur die Erfolgsratgeber, die dieser Selbstausbeutungslogik verhaftet sind, indem sie Strategien zur optimalen Realisation beruflicher, sexueller oder sonstiger Ziele anbieten. Auch jene Ratgeber, die Methoden zur Verbesserung der Lebensqualität verkaufen – mehr Ruhe und Gelassenheit, Zeit, Erholung, Selbstfindung, Entspannung und Freude am Dasein – bedienen sich letztlich der Annahme, Leben sei Kapital, und schlagen lediglich eine andere Art der Ausbeutung vor; auch sie profitieren von einer konstitutiven Verunsicherung moderner Individualität, von der permanenten Angst, etwas zu versäumen, nicht ausreichend zu erfüllen, defizitär zu sein, zu wirken oder zu handeln.[42]

Wie Judith Butler mit dem Konzept der Subjektivation darlegt, ist die Erfahrung der Machtlosigkeit, des Einwirkens herrschender Strukturen, ein gleichermaßen konstituierender Faktor für die Bildung eines Subjekts wie die Erfahrung der Macht, sich von diesen Strukturen abzugrenzen, zu befreien und dadurch selbst zu gestalten. Erst in der Wechselbeziehung aus Unterwerfung und Ablehnung, welche wiederum eine Abhängigkeit von der Macht konstituiert, bilde sich das Subjekt.[43] Entgegen Butlers Feststellung ist

---

[42] Ebd., S. 167 f.
[43] Vgl. Judith Butler: *Psyche der Macht. Das Subjekt der Unterwerfung.* Frankfurt am Main, 2001, S. 7 ff.

das Selbstverständnis des Subjekts im Kapitalismus jedoch von der Grundannahme geprägt, ›sein eigener Herr‹ zu sein, von der Vorstellung, seine Beschaffenheit läge weitgehend in seiner eigenen Verantwortung und wäre damit ausschließlich das Resultat der eigenen Initiative, seiner Handlungen und Entscheidungen.[44] Der gegenwärtige ökonomische Diskurs reflektiert diese Auffassung, indem er mit Begriffen wie Humankapital, Sozialkapital und Zeitmanagement operiert: Sie suggerieren eine Herrschaft des Subjekts über sein Vermögen, die Möglichkeit, über seinen Einsatz zu entscheiden, und die Pflicht, dies auch zu tun. So lässt sich die konstitutive Illusion des Individuums, autonom zu sein und sich selbst zu erzeugen, als Teil eines Subjektivationsprozesses verstehen, bei dem die Dominanz einer ökonomischen Logik dazu geführt hat, dass das Ziel vollständiger Eigenmacht zur Machtlosigkeit geführt hat – und damit zu dem unausweichlichen Zwang, jeder Zeit etwas abzugewinnen. Moderne Krankheitsbilder wie Stress und Burnout spiegeln die Schattenseite dieser Erfahrung wider: Ihre Pathologie beruht primär auf der Unfähigkeit, Grenzen zu ziehen, auf dem Verlust einer gesunden Selbstregulierungsfähigkeit und dem daraus resultierenden, infiniten Einsatz, der erst durch den physischen oder psychischen Zusammenbruch eine Grenze erfährt.

Die Folgen dieses paradoxen und prekären Selbstverständ-

---

44 Vgl. Ehrenberg (2008), S. 20.

nisses zeigen sich u. a. in der Konstruktion neuer Feindbilder. Kai van Eikels skizziert unter diesem Gesichtspunkt die (Projektions-)Figur des Selbstdisziplinlosen und stellt einen Wandel in der Typologie fest: Die Figur werde nicht länger einer bestimmten sozialen Schicht zugeschrieben, sondern sei überall anzutreffen.[45] Das Vergehen dieser Figur bestehe nicht länger im fehlenden Ehrgeiz bezüglich ihrer Arbeit, sondern bezüglich ihres Selbstmanagements. Sie weigere sich, die geforderten Mindeststandards zu erfüllen, und »eine unterhaltende, möglichst optimierende Verwaltung des sozialen Selbst zu betreiben«.[46] Sie bleibe ›unter ihren Möglichkeiten‹. Wenn Selbstdisziplin, so fährt van Eikels fort, die »Generaltugend zur Antizipation eines Lebens nach der Abschaffung verbindlicher Standards ist«,[47] wird Selbstdisziplinlosigkeit dementsprechend als Angriff auf diese Existenzgrundlage gewertet. Denn in ihr wird die Kompetenz, Ordnung zu schaffen und der Freiheit damit eine ›bürgerliche Prägung‹ zu verleihen, negiert. Dadurch wiederum werde eine Tatsache anerkannt, die zu leugnen Grundlage dieser bürgerlichen Selbstauffassung sei: nämlich die generelle Überforderung des Individuums durch seine Umwelt. Diese Überforderung werde in aller Regel verdrängt und durch die Simulation von Kompetenz über-

---

45 Vgl. van Eikels (2012), S. 157.
46 Ebd.
47 Ebd.

deckt.[48] Aus dieser doppelten ›Bedrohung‹ erklärten sich die Aggression und die Umerziehungsmaßnahmen, mit denen den Selbstdisziplinlosen begegnet werde.[49]

An dieser Stelle lässt sich die eingangs gestellte Frage vorsichtig bejahen: Das Subjekt im Kapitalismus bedient sich ökonomischer, auch zeitökonomischer Modelle, um sein Selbst zu konstituieren, um es, in Abhängigkeit von diesen Modellen, hervorzubringen. Insofern wird die Unterlassung der Selbstausbeutung – ob zeitlicher, physischer, mentaler oder geistiger Ressourcen – als Bedrohung einer ohnehin prekären Identitätskonstruktion wahrgenommen.

Mit Benjamin ließe sich abschließend sagen, dass die Weigerung, die Lebenszeit zum Gegenstand des Konsums und der Optimierung zu machen, einem ketzerischen Akt gleichkommt, allerdings nur, wenn diese Weigerung ohne Absicht oder Erwartung vollzogen wird und keine Sorgen oder Gewissensbisse sie begleiten. Dass Zeitverschwendung als ein solcher Akt der Befreiung verstanden werden kann, soll im dritten Kapitel gezeigt werden. Zuvor bedarf es einer Auseinandersetzung mit der Frage der Nutzlosigkeit. Dazu liefert Batailles Konzept der Verschwendung die entscheidenden Gedanken.

---

48 Ebd., S. 159.
49 Ebd., S. 156 ff.

II.
DAS KONZEPT DER VERSCHWENDUNG

»Nothwendigkeit ist das Innere der Freiheit.
Darum läßt sich von der wahrhaft freien
Handlung kein Grund angeben;
sie ist so, weil sie so ist, sie ist schlechthin,
ist unbedingt und darum nothwendig.«
Friedrich Wilhelm Joseph von Schelling

The Ultimate Machine

Die philosophisch vielleicht erstaunlichste Erfindung im Bereich der Maschinen stammt von Claude Shannon, einem amerikanischen Mathematiker, der als der Begründer der Informationstheorie gilt. Seine ›Ultimate Machine‹ ist eine dunkle Holzbox, auf deren Oberseite ein Schalter und eine Klappe angebracht sind. Legt man den Schalter um, ertönt ein Summen, die Klappe öffnet sich, eine mechanische Hand kommt zum Vorschein, befördert den Schalter in seine Ausgangsposition und verschwindet wieder im Inneren der Box. Eine Maschine, die sich, schaltet man sie ein, wieder ausschaltet.

Die Ultimate Machine widerspricht allem, wozu Maschinen in der Regel da sind. Ihr Witz besteht gerade darin, dass sie sich weigert, ihrer Bestimmung als Maschine nachzukommen – eine mechanische Negation des Nützlichkeitsparadigmas. Diese Negation wird gerade dadurch besonders reizvoll, dass aus dem Inneren der Maschine nicht einfach eine Stange, sondern eine Hand zum Vorschein kommt, was dazu führt, dass man ihr menschliche Motive zuzuschreiben beginnt: Unwillen, Lustlosigkeit, Verärgerung, Trotz. Ihr ›Verhalten‹ erinnert an bestimmte Mechanismen der Pubertät, an die eigene Unlust, morgens aufzustehen, an den Unwillen, den vielfältigen Anforderungen der Außenwelt nachzukommen (die Ultimate Machine wird daher auch als Leave-me-alone-Box bezeichnet).

Wenn jeder Bereich des Lebens als verfügbares Potenzial begriffen wird, jede Handlung einen Nutzen zu generieren hat, dann besteht das größte Vergehen darin, dieses Potenzial nicht sinnvoll zu verwerten, eine nutzlose Handlung zu begehen. Die Frage danach, was sinnvoll ist, wird dabei vornehmlich von ökonomischen Kriterien bestimmt: Sinnvoll ist, was einen Ertrag abwirft. Ist der Ertrag unverhältnismäßig kleiner als die Investition – ganz gleich ob an Gütern, Kräften oder Zeit – wird das Unternehmen als gescheitert, die Investition als vergeudet angesehen. Gegen diese verkürzte ökonomische und ontologische Konzeption von Leben, die vor allem die orthodoxen Wirtschaftstheorien beherrscht, wendet sich Georges Bataille, indem er eine politisch-ökonomische Theorie entwirft, die auf dem Prinzip der Verschwendung (französisch: dépense) basiert. Seine zwei diesbezüglich entscheidenden Werke – *Der Begriff der Verausgabung* (1933) und *Der verfemte Teil* (1949) – enthalten das Grundgerüst der folgenden Überlegungen.

Der Überschuss. Verschwendung als ökonomische Notwendigkeit

Entgegen nahezu sämtlichen gängigen Auffassungen begreift Bataille Verschwendung nicht als eine Begleiterscheinung des Daseins, die es zu umgehen oder zu bekämpfen gilt, sondern als ökonomische Notwendigkeit im Gesamthaushalt der global wirkenden ›Energien‹. »Ich gehe von einer elementaren Tatsache aus: Der lebende Organismus erhält, dank des Kräftespiels der Energie auf der Erdoberfläche, grundsätzlich mehr Energie, als zur Erhaltung des Lebens notwendig ist.«[50] Der Überschuss an Energie könne dem Wachstum eines Systems dienen. Habe das System jedoch seine Wachstumsgrenze erreicht bzw. könne die überschüssige Energie im Wachstum nicht vollständig absorbiert werden, dann gehe sie, ohne jeden Gewinn, verloren. Sie werde verschwendet.[51] Statt also von einer Knappheit der Ressourcen auszugehen und daher Wachstum als oberstes Ziel zu postulieren, geht Bataille von einem Zuviel an Ressourcen aus und postuliert die Verschwendung als notwendiges Ziel aller ökonomischen Tätigkeit. Ein Musterbeispiel für Verschwendung als soziale Praxis ist Bataille zufolge der Potlatsch. Im Zentrum der Potlatsch-Theorie, die er auf

50 Georges Bataille (1949): *Der verfemte Teil*. In: ders.: *Die Aufhebung der Ökonomie*. München, 2001, S. 45.
51 Ebd., S. 45.

Grundlage von Marcel Mauss' *Essai sur le Don* entwickelt, steht die verschwenderische Gabe, eine Technik, seine Feinde durch ein maßlos üppiges Geschenk zu demütigen. Die Funktion dieser Gabe besteht zum einen darin, die eigene Macht zu sichern bzw. auszuweiten, zum anderen wird auf diese Weise der Zugzwang installiert, auf diese Gabe mit einer noch reicheren Gegengabe zu antworten und so die Machtverhältnisse wieder umzukehren. Das Besondere an dieser Technik des Machtgewinns sieht Bataille darin, dass Macht durch Verlust, durch Vergeudung gewonnen wird.[52] Zur Sphäre dieser ›unproduktiven Ausgaben‹, die weder materiell lohnenswert sind, noch durch den Verweis auf ihren kommenden Nutzen gerechtfertigt werden können, gehören laut Bataille: »Luxus, Trauerzeremonien, Kriege, Kulte, die Errichtung von Prachtbauten, Spiele, Theater, Künste, die perverse (d. h. von der Genitalität losgelöste) Sexualität.«[53] In all diesen Praktiken der Verschwendung wird ein Überschuss in einem zerstörerischen Akt vernichtet und damit der produktiven Konsumtion entzogen.

Bataille macht dabei zwei Formen der Verschwendung aus: die ›gloriose‹ und die ›katastrophische‹. Unter der ›katastrophischen‹ Form versteht er eine plötzliche, unfreiwillige Entladung der überschüssigen Energien (z. B. im Krieg). Die ›gloriose‹ Verschwendung hingegen meint, dass diese

---

52 Georges Bataille (1933): *Der Begriff der Verausgabung.* In: ders.: *Die Aufhebung der Ökonomie.* München, 2001, S. 13 ff.
53 Ebd., S. 12.

Energien in einem freiwilligen, oftmals öffentlich zelebrierten Akt vergeudet werden. Letztere hat in der sozialen Praxis früherer Gesellschaftsformen eine zentrale Rolle gespielt, sie war ein öffentlicher, in Riten organisierter Vorgang. Erst das Bürgertum, das sich bewusst von der Verschwendungs- und Prunksucht der Feudalgesellschaft abzugrenzen suchte, hat diese Form der freiwilligen unproduktiven Verausgabung zunehmend tabuisiert und ihrer sozialen Funktion beraubt.[54] Das Tabu, so Batailles These, entspricht jedoch keineswegs der Realität ökonomischen Handelns – das als eigentliches Ziel die Verschwendung hat –, sondern ist lediglich Ausdruck einer bürgerlichen und letztlich lebensfremden Konzeption von Ökonomie, Gesellschaft und Identität.[55]

54 Ebd., S. 22 ff.
55 Ebd., S. 22.

Das Nützlichkeitsprinzip und die gezähmte Lust

Die Vorherrschaft des Nützlichkeitsprinzips ist schon deshalb fragwürdig, weil eine genaue Definition dessen, was tatsächlich nützlich ist, kaum gegeben werden kann. Zumeist werden andere, eigentlich sachfremde Konstruktionen zur Legitimation ins Feld geführt – Bataille nennt in diesem Zusammenhang Gott, Ehre, Pflicht.[56] Versuche man, so sein Gedankengang, ein geschlossenes System anzunehmen und auf die Legitimation durch Hilfskonstruktionen zu verzichten, so lasse sich das Nützlichkeitsprinzip auf zwei ihm immanente Prinzipien reduzieren: das Streben nach materiellem Nutzen und nach Lust. Daraus ergeben sich jedoch umgehend neue Widersprüche: »Dieser materielle Nutzen hat theoretisch die Lust zum Ziel – allerdings nur in gemäßigter Form, da heftige Lust als *pathologisch* gilt –, und er lässt sich reduzieren einerseits auf die Erwerbung (d. h. Produktion) und Erhaltung von Gütern, andererseits auf die Fortpflanzung und Erhaltung von Menschenleben.«[57] Die Lust wird reglementiert, sie wird der Nützlichkeit untergeordnet und damit in ihrer Funktion beschränkt. Sie dient der Regeneration, der Erholung, der Entspannung. Jede Form von Exzess, von Maßlosigkeit und Ausschweifung wird unterdrückt und verboten: »Der kostbarste Teil des Lebens gilt lediglich als

---

56 Ebd., S. 9.
57 Ebd.

62

Vorbedingung – manchmal sogar als bedauerliche Vorbedingung – der produktiven sozialen Tätigkeit.«[58] Das Lustprinzip ist damit massiven Beschränkungen unterworfen: Alle zerstörerischen und selbstzerstörerischen, verschwenderischen Spielarten der Lust, die nicht auf Gewinn oder Erhalt, sondern auf Verlust und Destruktion zielen, werden sozial geächtet. Die einst religiös motivierte Stigmatisierung der Verschwendung – als Sünde, Laster, Charakterschwäche – ist einer Pathologisierung des Verschwendens gewichen und hat eine neue Form von Krankheitsbildern hervorgebracht: die Spiel-, Sex-, Drogen- und Verschwendungssucht. Ursprung dieser Krankheitsbilder ist das Konzept des Homo oeconomicus als frei und rational entscheidende, stets auf zumindest ihren Vorteil bedachte, nach Erhalt und Gewinn strebende Individualität.

Die freiwillige (gloriose) Verschwendung kann insofern als eine lustvolle Auflehnung gegen das utilitaristische Dogma der Produktivität verstanden werden, als die ungehörige und daher umso reizvollere Freiheit, sich selbst und seine Kräfte wegzuwerfen. »Die Menschen sichern ihren Lebensunterhalt oder vermeiden den Schmerz, nicht weil diese Tätigkeiten für sich ein zureichendes Resultat erbringen, sondern um zu der insubordinierten Tätigkeit der freien Verausgabung zu gelangen.«[59]

---

58 Ebd., S. 10.
59 Ebd., S. 31.

Die gloriose Verschwendung. Insubordination und Souveränität

Insbesondere der letzte Punkt – der Lustgewinn bei der verschwenderischen Praxis im Sinne einer Insubordination, der Verletzung und Überschreitung eines Tabus – ist hier von Bedeutung. Der ursprünglich soziale Aspekt dieser ›gloriosen Verschwendung‹, den Bataille an der Praxis der Spiele, der Kunst, des Opfers und der Gabe festmacht, ist heute weitgehend verschwunden. Sie lässt sich daher als ein individueller Akt des Ungehorsams gegenüber äußeren wie inneren Normen begreifen, als die befreiende und lustspendende Verletzung einer Grenze. Dieses von der Psychoanalyse entlehnte Konzept der Übertretung ist bei Bataille unmittelbar mit dem Begriff der Souveränität verbunden, der in seinem Denken eine tragende Rolle spielt.

Souveränität manifestiert sich dann, wenn die eigene Existenz der ›Chance‹ (im Sinne von Zufall) ausgeliefert, der Lust preisgegeben, wenn das Dasein im Begehren aufs Spiel gesetzt wird.[60] Insofern versteht Bataille Souveränität nicht als Ausübung von Macht, sie ist keine Herrschaftspraxis,[61] sondern im Gegenteil eine Unterwanderung von

---

60 Vgl. Andreas Hetzel: *Denken der Kontinuität. Schelling und Bataille.* In: Andreas Hetzel/Peter Wiechens (Hg.): *Georges Bataille. Vorreden zur Überschreitung.* Würzburg, 1999, S. 77.
61 Ebd., S. 77 f.

Machtstrukturen in Form einer Transgression, eine »nicht-affirmative Bejahung«[62]. Es handelt sich bei der Übertretung also nicht um eine kategorische Entscheidung gegen die Normen zugunsten eines anderen Modells, eines utopischen Außerhalb, sondern um eine Technik, sich die Normen insofern zunutze zu machen, als ihre willentliche Missachtung zu einem Moment erhöhter Lust und Souveränität führen kann – eine Subversion der Konventionen, die diese gleichermaßen braucht und ihrer Geltung beraubt. »Der souveräne Mensch Batailles ordnet sich nichts unter und ist damit auch selbst keiner Instanz mehr untergeordnet. Er lebt eine bewußt ruinöse Existenz, er verzichtet auf das Prinzip der Nützlichkeit zugunsten des Prinzips der Intensität. Die höchste Intensität erreicht er durch den Verlust, die Verausgabung, die pure Verschwendung.«[63] Derrida verweist darauf, dass dieser Zustand der Souveränität gleichermaßen ein Zustand des vollständigen Verlusts von Bewusstsein, Erinnerung, Kontrolle sei,[64] sich also Souveränität nur in ihrem eigenen Scheitern realisiert. Souveränität ist demnach kein Daseinsmodus, kein erstrebenswerter Dauerzustand, sondern vielmehr eine Praxis der Ausnahme, eine Technik

---

62 Vgl. Michel Foucault: *Vorrede zur Überschreitung*. In: ders.: *Dits et Ecrits. Schriften*. Band I. Hrsg. von Daniel Defert. Frankfurt am Main, 2001, S. 320–342.

63 Hetzel (1999), S. 77.

64 Vgl. Jacques Derrida: *Die Schrift und die Differenz*. Frankfurt am Main, 1987, S. 402.

der Unterbrechung. Die bedingungslose Auslieferung an den Augenblick, im Gegensatz zu einer von Verwertungszwängen determinierten, stets rechnenden und berechnenden Existenzweise, erlaubt es dem Bewusstsein, sich von den internalisierten Zwängen zu lösen und zu sich selbst zu kommen: »Das Bewußtsein wehrt sich dagegen, insofern es versucht, einen zu erwerbenden Gegenstand, *irgendetwas* zu ergreifen, nicht das Nichts des reinen Verlusts. Es geht darum, den Punkt zu erreichen, an dem das Bewußtsein nicht mehr Bewußtsein *von etwas* ist. Mit anderen Worten, sich der entscheidenden Bedeutung des Augenblicks bewußt zu werden, in dem das Wachstum (der Erwerb *von etwas*) sich in Verlust auflöst, und genau das ist das Selbstbewußtsein, das heißt ein Bewußtsein, *das nichts mehr zum Gegenstand hat.*«[65]

Selbstbewusstsein heisst bei Bataille also: Aufgabe der gewinnorientierten Selbstkontrolle, Freiheit im Verlust der Herrschaft über sich selbst oder andere, Hingabe an die inneren Bewegungen der Lust in Korrespondenz mit den Einwirkungen äußerer Ereignisse. In der Verschwendung, und darin liegt ihr Gewinn (der keinen Ertrag abwirft, keinen Nutzen bringt), kann eine Erfahrung des Selbst und der Umwelt, ein anderer Gebrauch der eigenen Fähigkeiten, der Lüste und der Fantasie ermöglicht werden.

Wie lässt sich dieses Konzept der Verschwendung, das

---

65 Bataille (1949), S. 233.

Bataille auf den Bereich des Materiellen, der Kräfte und Triebe beschränkt, auf die Zeit anwenden? Wie lässt sich also Zeitverschwendung als Akt der Subversion, der souveränen Auslieferung, der fröhlichen Dissonanz zum zweckgebundenen Handeln begreifen? Im letzten Kapitel soll der Versuch unternommen werden, auf diese Fragen Antworten zu finden.

Statt eines Bildes finden Sie an dieser Stelle eine kleine Übung, die lediglich eine Minute Ihrer kostbaren Zeit in Anspruch nehmen wird. Sie kann einige erfreuliche Begleiterscheinungen der Zeitverschwendung vor Augen führen. Es geht ganz leicht: Das unten eingefügte Viereck steht zu Ihrer freien Verfügung, ich bitte Sie nur darum, es für eine Minute zu betrachten. Der Rest ergibt sich von allein.

III.
ZEITVERSCHWENDUNG

»So weiß ich etwa noch, daß ich nicht begriff, was Zeit bedeutete:
Du mußt endlich lernen, pünktlich zu sein, wir haben dir doch eine
Uhr geschenkt, du weißt, wie man sie liest. Gleichwohl gab es keine
Zeit für mich. Ich kam zu spät zur Schule, ich kam zu spät zu den
Mahlzeiten. Ich streifte unbekümmert im Krankenhauspark umher,
sah und phantasierte, es gab keine Zeit mehr ...«
Ingmar Bergman

Die schwerste aller Sünden

Die landläufige, negative Auffassung von Zeitverschwendung besagt, dass ein zur Verfügung stehender Zeitraum
nicht ertragreich genutzt, nicht sinnvoll verwertet wird,
dass diesem Zeitraum also letztlich nicht das abgewonnen
wurde, was ihm potenziell hätte abgewonnen werden können. Sie stellt, so schildert es Max Weber, die »schwerste
aller Sünden«[66] dar.

Im ersten Kapitel wurde skizziert, inwiefern diese Vorstellung von Zeit als Kredit, als verpflichtende und knapp
bemessene Kostbarkeit, sich als das Resultat einer ökonomischen Entwicklung begreifen lässt, in deren Verlauf eine
Zeitverwertungslogik nach und nach verinnerlicht wurde.
Wie die notwendige Verschwendung des Überschusses als

---

[66] Weber (1988), S. 167.

reizvoller Akt der Übertretung verstanden werden kann, in dem sich das Subjekt einer totalen Gegenwart verschreibt, sich in ihr aufs Spiel setzt und sich in dieser unkontrollierten Bewegung als machtloser Souverän selbst begegnet, ergab sich im zweiten Kapitel. So soll nun, im dritten und letzten Teil, die Zeitverschwendung – als nutzlose Verschwendung einer ›Kostbarkeit‹ – untersucht und letztlich als ein Akt lustvoller Insubordination, als Technik zur Erzeugung von Diskontinuitätserfahrungen und als Zustand freiwilliger Passivität bejaht werden. Nach einer allgemeineren Definition dessen, was ich unter Zeitverschwendung verstehe, sollen ein paar Phänomene ungenutzter Zeit besprochen werden, um unter diesem Gesichtspunkt abschließend einen Blick auf das Theater zu werfen.

1. Zeitverschwendung. Eine Eingrenzung

Eine erste, grobe Definition könnte lauten: Zeitverschwendung ist ein intendierter Akt der Intentionslosigkeit, eine willentliche und reizvolle Suspendierung des Zeitverwertungsparadigmas zugunsten einer sorglosen, verschwenderischen Auslieferung an die Gegenwart, eines lustvollen Zustands des *Komme, was wolle.*

72

Intendierte Intentionslosigkeit

In aller Regel wird Zeitverschwendung als Zustand unglücklicher Passivität aufgefasst. Das negative Erleben liegt darin begründet, dass das verschwendende Individuum annimmt, dass ihm dieser Zustand eigentlich nicht entspreche: Erstens gäbe es anderes, Besseres zu tun, zweitens wolle es dieses Bessere. Diese zweifache Vernachlässigung – des Nützlichen und des Willens zum Nützlichen – lässt Zeitverschwendung als einen Modus der schuldhaften Nicht-Identität mit sich selbst erscheinen. Aufgrund fehlender Disziplin misslingt es, so der zentrale Vorwurf, mit seinem Wollen im Einklang zu sein.

Es ließe sich jedoch im Sinne Batailles fragen, ob es sich hierbei nicht um die notwendige Vergeudung eines Überschusses handelt, eines Zuviel an Zeit, die sich in keinem Produktivitätszusammenhang verbrauchen lässt. Dann wäre die als negativ erfahrene Zeitverschwendung das, was Bataille als unfreiwillige, ›katastrophische Verschwendung‹ bezeichnet; die positive Auffassung von Zeitverschwendung ließe sich als die Anerkennung der notwendigen, nutzlosen Vergeudung dieses Überschusses verstehen, als ein freiwilliger Akt ›glorioser Verschwendung‹, der dem Willen des verschwendenden Akteurs nicht entgegengesetzt ist, sondern ihm entspricht. Das heißt: Eine positive Erfahrung von Zeitverschwendung tritt dann ein, wenn der Akteur diese bewusst bejaht. Er intendiert die Intentionslosigkeit und kann in diesem Modus bewusster Unproduktivität zu

einer Souveränität gelangen, die sich als Souveränität der
Selbst-Auslieferung bezeichnen ließe.

Die Suspendierung der Zukunft. *Sorglosigkeit*

Der Eintritt in diesen Modus der Intentionslosigkeit ver-
langt, dass bestimmte zeitökonomische Faktoren der Selbstregulierung außer Kraft gesetzt werden. Der Zwang, aus der
gegenwärtigen Situation ›etwas zu machen‹, die Pflicht zur
vollständigen Ausschöpfung der vorhandenen Zeit, resul-
tiert aus einem widersprüchlichen, dadurch jedoch nicht
weniger dominanten Zukunftsverständnis: Die Zukunft, als
völlige Unbestimmtheit begriffen, weckt das Bedürfnis, ihr
und sich selbst eine Bestimmung zu geben.[67] Dieses Bedürfnis meint einerseits die Freiheit, die Zukunft als Möglichkeitsraum zu begreifen, in den das Subjekt einen idealen
Ertrag projizieren kann – einen Lebensentwurf, ein Selbstbild, ein Ziel. Doch gerade dieses projizierte Ideal zwingt
das Subjekt, unablässig an seiner Realisation zu arbeiten.
Der Unbestimmbarkeit der Zukunft wird mit der konstitutiven Illusion begegnet, sie durch bestimmte Maßnahmen
der Planung, Kontrolle und Absicherung in der Gegenwart
beherrschen zu können (das Versicherungswesen ebenso wie
die politische oder ökonomische Prognose sind Ausdruck

---

67 Vgl. dazu: Martin Heidegger: *Der Begriff der Zeit*. Hrsg. von Hartmut
Tietjen. Tübingen, 1995, S. 19 ff.

dieser Auffassung: Sie simulieren eine Domestizierbarkeit der Zukunft, verschaffen ein Gefühl der Kontrolle über das Unbekannte). Die Gegenwart ist damit zum Ort unausgesetzter Vorsorge geworden. Jede Vernachlässigung gegenwärtiger Möglichkeiten stellt auch eine Vernachlässigung eines potenziell zu verwirklichenden Ideals dar. Nichts scheint so sträflich, wie eine Chance ungenutzt zu lassen – es handelt sich gewissermaßen um Misswirtschaft mit der Zeit.

Diese Vorstellung von Lebenszeit als Kredit, der gewährt wurde und dadurch verpflichtend ist, geht mit der Verdrängung einer elementaren Tatsache einher: Die Größe des Kredits ist vollständig unbekannt, die absolute Gewissheit des Todes ist mit der absoluten Ungewissheit seines Zeitpunktes verbunden. Die umfassende Verdrängung des Sterbens und des Todes aus der Öffentlichkeit, dem Alltag und Bewusstsein lässt sich auch dahingehend verstehen, dass sich in seiner Anwesenheit das fragile Konzept einer selbstbestimmten Individualität und einer beherrschbaren Zukunft als Illusion erweist[68] – ein Leitgedanke Heideggers, der das ›eigentliche‹ Dasein in der Zeit im wesentlichen als Vorlauf auf den Tod begreift, als die Annahme des Sterbens in der Gegenwart. »Keine Zeit haben heißt, die Zeit in die schlechte Gegenwart des Alltags werfen.«[69] Was Heidegger als ›schlechte Gegenwart‹ bezeichnet, charakterisiert Montaigne als die

---

68 Vgl. dazu: Philippe Ariès: *Studien zur Geschichte des Todes im Abendland.* München/Wien, 1976.
69 Heidegger (1995), S. 19.

Lebensart des Toren: »Das Leben des Toren ist unfruchtbar und unruhig; alles wird in der Zukunft gesucht.«[70] In diesem Zustand der permanenten Unruhe, der Angst davor, zu wenig Zeit zu haben, etwas zu versäumen, des ständigen Abgleichs zwischen Gegenwart und Zukunft, zwischen dem, was ist, und dem, was sein könnte oder sollte oder müsste, geht nach Heidegger die Zeit verloren: »Gerade das Dasein, das mit der Zeit rechnet, mit der Uhr in der Hand lebt, dieses rechnende Dasein sagt ständig: ich habe keine Zeit. Verrät es damit nicht sich selbst in dem, was es mit der Zeit macht, sofern es ja selbst die Zeit ist? Die Zeit verlieren und sich dazu die Uhr anschaffen!«[71]

Im Modus der Zeitverschwendung wird diese utilitaristisch geprägte Zukunftsauffassung für eine gewisse Zeitspanne suspendiert, ein auf Prognosen und Projektionen beruhendes Selbstverständnis außer Kraft gesetzt und damit die Leistungsvereinbarung zwischen dem gegenwärtigen Selbst und seinem antizipierten Ideal aufgekündigt. In diesem Zustand der Sorglosigkeit liegt die Möglichkeit, die Zeit auf eine andere, weniger verengte Art zu erleben und sich selbst in ein zeitweilig anderes Verhältnis zu seinem Leben zu setzen.

---

[70] Vgl. dazu: Michel de Montaigne: *Essais*. Leipzig, 2008, S. 375.
[71] Heidegger (1995), S. 20 f.

Passivität

Diese freiwillige Vernachlässigung des ökonomischen Handlungsraums Gegenwart, in dem Zukunft generiert wird, stellt eine Überschreitung dar, ist eine Verletzung gesellschaftlicher Normen, die weitgehend internalisiert wurden. Der Reiz der Zeitverschwendung gründet damit zunächst auf einer Lust am Bruch eines Tabus, der Lustgewinn speist sich aus dem verbotenen Vorhaben, einen Verlust zu erleiden, zu erfahren.

Im Sinne von Agambens Konzept der Profanierung – welches er im Anschluss an die Benjamin'sche Auffassung des Kapitalismus als totalitären Kultus entwickelt hat, in dem alles in die Sphäre des Sakralen (des Konsums) abgesondert werde – ließe sich sagen, dass die Zeit im Akt der Verschwendung aus ihrer sakralen Determinierung gelöst, aus der Sphäre des Kredits befreit[72] und dem weltlichen Gebrauch zurückerstattet werde[73], und zwar gerade weil ihr Gebrauch frei von Absicht, ohne Spekulation auf Transzendenz, letztlich ohne Erwartung vonstatten geht. Sie wird in einer Art ketzerischem Akt profaniert.

Erwartung meint an dieser Stelle: Antizipation eines Kommenden als konkrete Imagination – Erwartungslosigkeit heißt demnach nicht, dass man mit gar nichts rechnet, sondern mit allem. Die erwartungslose Auslieferung an den

---

72 Vgl. dazu: van Eikels (2012), S. 166.
73 Vgl. Agamben (2005), S. 70.

Augenblick ist daher an eine zweite Lust gekoppelt: die Lust am Neuen, Unvorhergesehenen, nicht Vorgestellten. In der subversiven Verweigerung einer zeitökonomischen Führung des Augenblicks und der damit einhergehenden Bereitschaft zur Passivität stellt sich das Subjekt zur Disposition, es verzichtet freiwillig auf die Fixierung des Selbst. Diese Selbstgefährdung der Subjektidentität als Entscheidungsträger – die Bataille als Souveränität begreift – eröffnet eine Art Nebenschauplatz, ein inneres Außerhalb ökonomischer Zwänge, das diese Zwänge weder ablehnt noch bejaht, sondern in der Verschwendung neutralisiert. Eine Position, die Roland Barthes' Charakterisierung des Verrückten nahekommt: »Verrückt ist, wer rein von jeder Macht ist. Daher eine ungeheuerliche, weil neutrale Position: weder für noch gegen die Macht (weder Herr noch Sklave).«[74]

Damit kann das Subjekt in einen anderen, passiven Wahrnehmungsmodus eintreten: Sein Handeln, Denken, Fühlen, Schauen ist nicht länger zweckgebunden, sondern mehr oder weniger ziellos. In Ermangelung von Ordnung und Disziplin kommt so dem erstbesten Gegenstand alle zunächst absichtslose Aufmerksamkeit zu, er wird exzessiv vertieft oder kurz gestreift, ausführlich verfolgt oder rasch wieder fallengelassen.

Die Hingabe an die Zeitverschwendung als Zustand der

---

74 Vgl. Roland Barthes: *Wie zusammen leben. Simulationen einiger alltäglicher Räume im Roman. Vorlesung am Collège de France 1976–1977.* Hrsg. von Éric Marty. Frankfurt am Main, 2007, S. 158.

Passivität meint also keineswegs das Fehlen von Tätigkeit, sondern den Verzicht, die Ereignisse gestalten, lenken, regulieren oder dominieren zu wollen. Es herrscht eine aufmerksame Wahllosigkeit, eine Bereitschaft, sich den Geschehnissen vorbehaltlos auszusetzen und eben das Geschehenlassen zur Tätigkeit zu machen. Diesen Zustand der ungerichteten Beschäftigung schildert Jean-Jacques Rousseau in den *Bekenntnissen* als ›désœuvrement‹ (hier mit ›Muße‹ übersetzt): »Die Muße, die ich liebe, ist nicht die eines Nichtstuers, der mit gekreuzten Armen in völliger Untätigkeit verharrt und nicht mehr denkt, als er handelt. Sie ist zugleich die eines Kindes, das ständig in Bewegung ist, um nichts zu tun, und die eines unschuldigen Schwätzers, der verworrenes Zeug redet, sobald seine Arme in Ruhe sind. Ich beschäftige mich gerne mit Nichtigkeiten, beginne hundert Dinge und vollende nicht eins, gehe und komme, wie es mir einfällt, wechsle in jedem Augenblick den Plan, folge einer Fliege in all ihren Flügen, will einen Felsen entwurzeln, um zu sehen was darunter ist, unternehme voll Eifer eine Arbeit von zehn Jahren und gebe sie ohne Bedauern nach zehn Minuten wieder auf, kurz, ich schlendere am liebsten den ganzen Tag ohne Plan und Ordnung umher und folge in allem nur der Laune des Augenblicks.«[75]

In diesem Zusammenspiel aus zielloser Hingabe und

---

75 Jean-Jacques Rousseau: *Bekenntnisse*. 12. Buch. Übersetzt von Alfred Semerau. München, 2012, S. 630.

Ausschweifung, die Rousseau mit Kindlichkeit und Geschwätzigkeit verbindet, kann das beglückende Moment der Zeitverschwendung liegen, als lustvolle Bejahung der Unsicherheit des eigenen Lebens und der eigenen Identität, die nicht länger behauptet wird, sondern passiert: Sie wird aufs Spiel gesetzt, indem sie sich der ›Laune des Augenblicks‹ verschreibt, was ebenso die Ausschweifungen der Fantasie wie die Hingabe an die Betrachtung meint. Montaigne warnt in seinen *Essais* unter der Überschrift *Nichtstun* ausdrücklich vor diesem Zustand: »So ist es auch beim menschlichen Geist; wenn dieser sich nicht auf ein bestimmtes Thema konzentriert, durch das er in Zucht gehalten wird, schweift er ordnungslos nach allen Richtungen in dem unbegrenzten Reich der Phantasie umher ... bei diesem unruhigen Schweifen bringt er lauter Torheiten und Grillen hervor.«[76]

Der passive Akteur entzieht sich in der Zeitverschwendung der Gemeinschaft, sein Verhalten ist asozial, da er sich um keine Synchronisierung seiner Welt mit der Welt der anderen bemüht, er sucht keinen Anschluss, sondern Exklusion, die Erfahrung von Diskontinuität. Diese Form der Diskontinuität zu den sonstigen Abläufen und Rhythmen erweist sich ebenso währenddessen als auch in der Erinnerung häufig als ein Modus besonders intensiven Erlebens, was zum einen sicherlich dem Reiz der Insubordination und dem dadurch gesteigerten Genuss, zum anderen jedoch ei-

---

[76] Montaigne (2008), S. 41.

ner Erfahrung des Selbst- und Weltverhältnisses geschuldet ist, die sich im Rahmen einer auf Aktivität, Produktivität und Mehrwert kaprizierten Verwertung der Zeit kaum hätte einstellen können.

2. Phänomene

In einem zweiten Anlauf sollen nun einige Phänomene der ineffektiven Zeitgestaltung unter dem Gesichtspunkt willentlicher Verschwendung genauer untersucht werden, um so einige Erfahrungsweisen, die im Modus der Zeitverschwendung zustande kommen können, genauer zu unterscheiden.

Allen im Folgenden beschriebenen Phänomenen ist gemein, dass sie erstens keinen Nutzen intendieren und dass sie daher, zweitens, auf (Selbst-)Disziplin verzichten. Durch das erste Merkmal unterscheiden sie sich von sämtlichen Techniken der Daseinsoptimierung – wie Yoga, Wellness, Urlaubsreisen, Lachgruppen, Töpferseminare, Slowfood etc. Durch das zweite Merkmal lassen sie sich von bestimmten, meist der religiösen Sphäre entstammenden Praktiken der Desintegration – Askese, Eremitentum, Kontemplation, Meditation usw. – abgrenzen, die zwar eine willentliche Diskontinuität praktizieren, anstelle des kollektiven disziplinarischen Modells jedoch ein individuelles setzen, sprich auf die abgelegten Gesetze mit einem häufig ebenso strengen Gegenentwurf der Selbstregulierung antworten.[77]

---

77 Vgl. dazu: Giorgio Agamben: *Regel und Leben*. In: Barbara Gronau/ Alice Lagaay (Hg.): *Ökonomien der Zurückhaltung. Kulturelles Handeln zwischen Askese und Restriktion.* Bielefeld, 2010, S. 15–26.

Idiorrhythmien. Bummeln und Trödeln
Es gibt eine Reihe von Phänomenen, die als eine Vor- oder
Übergangsstufe der Zeitverschwendung gesehen werden
können. Ihnen ist gemein, dass ein diktierter Rhythmus,
eine vorgeschriebene Dauer von Wegen und Bewegungen
unbewusst oder bewusst missachtet wird, meist zugunsten
einer Verlangsamung oder Verschleppung. Häufig lässt es
sich kaum feststellen, ob zu Anfang eine Entscheidung zu
diesem Tempowechsel getroffen wurde oder ob eine zufäl-
lige Veränderung der Bewegungsdauer einen Wandel der
Wahrnehmung nach sich zieht, die Entscheidung also nach-
träglich getroffen wird.

Findet diese Rhythmusverschiebung jedoch bewusst statt,
so kann sie als genussvolle Provokation innerer und äußerer
Gesetze erfahren werden, als Spiel mit den Erwartungen, die
nicht vollständig missachtet, sondern durch Asynchronität
unterlaufen werden. Das Bummeln – als eine Verlangsamung des Gehens – und das Trödeln – als Verlangsamung
des Handelns – lassen sich in diesem Sinne als Modi der
lustvollen Differenz verstehen. Ein körperlicher Vorgang
wird gebremst, eine leise Verspätung schleicht sich ein, die
gewohnten Abläufe werden gedehnt oder ins Stocken gebracht, ›man ist nicht mehr im Takt‹ – es reicht schon, an
der Kasse eines Supermarkts zu stehen und die herangleiten-
den Konsumgüter mit einer gewissen, durchaus lustvollen
Behäbigkeit einzupacken, um sich der Provokationspotenz
des Trödelns zu vergewissern: Die Blicke und Kommentare

des Kassierers und der Nachstehenden sind von einer ungeahnten Schärfe, das praktizierte Tempo wird als Affront auf die antizipierte Reibungslosigkeit, die einem solchen Vorgang innewohnen müsste, gesehen und geächtet.

Neben einem so zelebrierten Widerstandsgeist kann sich im Bummeln oder Trödeln jedoch noch etwas anderes einstellen: Der Wechsel des Rhythmus kann von einem Wechsel der Wahrnehmung begleitet werden, und zwar dann, wenn dieser neue Rhythmus als stimmig erfahren wird, wenn also die Asynchronität zu einer Synchronisierung mit sich selbst führt, zu einem eigenen Rhythmus, einer plötzlichen Mühelosigkeit der eigenen Bewegungen und einem ziellos umherschweifenden Denken.

In seiner Antrittsvorlesung am Collège de France (1976–1977) hat Roland Barthes diese Form des Eigenrhythmus als Grundlage des Zusammenlebens unter dem Begriff Idiorrhythmie diskutiert – interessanterweise ein Begriff, der dem religiösen Bereich entstammt und den Barthes versucht, dem täglichen, profanen Gebrauch zuzuführen. Das Konzept einer idiorrhythmischen Lebensweise, entwickelt von einer mönchischen Klostergemeinschaft auf dem Berg Athos, beruht auf der nahezu vollständigen Abwesenheit von Regeln: kein verbindlicher Tagesplan, keine festen Gebets-, Schlafens- oder Essenszeiten, kaum verpflichtende Versammlungen.[78] »Prinzip: Jeder Mönch hat die Erlaubnis,

---

[78] Vgl. Barthes (2007).

seinem persönlichen Lebensrhythmus zu folgen.«[79] Van Eikels charakterisiert diese Organisation von Zusammenleben wie folgt:»Idiorrhythmie heißt nicht Isolation, sondern gelegentliche Synchronisierung von Handlungsrhythmen, die nichtsdestominder different bleiben: Wenn es gerade passt, gut; wenn nicht, spricht nichts dagegen, dass jeder seine Zeit allein verbringt, bis es irgendwann passt.«[80] Statt also von Synchronität auszugehen, fokussiert Barthes die jeweilige Asynchronität: nur in kurzen, zufälligen Momenten kommt es zu einem Einklang der Rhythmen, die sich anschließend wieder verselbstständigen.

Der positive Effekt des Bummelns und des Trödelns besteht also in der Erfahrung einer Differenz zum ›Rest der Welt‹, die nicht überbrückt werden will, eines anderen, nutzlosen Umgangs mit der Zeit, der als die Freiheit genossen wird, sich der diktierten Rhythmen zu entledigen und seinen eigenen zu folgen, sich ohne Selbstdisziplin in einer fahrlässigen, zerfahrenen Weise im Augenblick zu bewegen.

Die Rhythmik des Schlummers. Flanieren
Zwischen den eben beschriebenen Phänomenen und der Figur des Flaneurs, dessen Typologie Walter Benjamin im *Passagenwerk* entwickelt, bestehen gewisse Überschnei-

---

79 Ebd., S. 79.
80 Van Eikels (2012), S. 166.

dungen. Der Flaneur praktiziert ebenfalls eine körperliche Asynchronität zu den Bewegungsabläufen seiner Umgebung, eine derartige Verlangsamung im Gehen, dass Benjamin von einer ›Schildkrötenmode‹ spricht, die 1839 über Paris gekommen sei.[81] Durch die Straßen der Stadt schlendernd, richtet sich der Flaneur einzig nach seinem eigenen Rhythmus: »Flanieren ist die Rhythmik dieses Schlummers.«[82] Damit ist bereits angedeutet, dass dieser Rhythmus nicht – wie beim Bummeln oder Trödeln – primär als Opposition zu den umgebenden Rhythmen angenommen wird, also keine offensive oder gar provokante Verschleppung darstellt, sondern eine unbewusste, schlafwandlerische Qualität hat: »Er [der Flaneur] schlendert die Straße entlang; ihm ist eine jede abschüssig.«[83] Es ist ein Gehen ohne Ziel, ohne Zweck, ein ungerichtetes und leichtfertiges Schlendern im Zustand höchster Zerstreutheit. Die Umgebung – die Stadt – ist in diesem Zustand kein konkreter Ort, der erkundet wird, sondern vielmehr eine Kulisse, ein Netzwerk aus Bildern und Zeichen, die einer ausschweifenden Fantasie die Stichworte liefern: »Flanieren ist ein im Modus der Zerstreutheit physisch praktiziertes Lesen, Erinnern. Unterm Schlendern wird der harte Asphalt der Stadt doppelbödig und hallt wi-

---

81 Vgl. Walter Benjamin: »Urgeschichte der Moderne II: Aus dem *Passagenwerk*«. In: ders.: *Gesammelte Werke II*. Frankfurt am Main, 2011, S. 858 f.

82 Ebd.

83 Ebd., S. 857.

der. Diese Doppelheit in der Erfahrung kommt daher, daß das aktuell Wahrgenommene sich mit etwas anderem deckt und nur so wahrgenommen wird, daß das Gegenwärtige mit dem Vergangenen in dieser Erfahrung, die die Form von Erinnerung hat, sich durchdringt.«[84]

Die Anwesenheit des Flaneurs im täglichen Treiben ist rein physisch, er ist kein Teil des sozialen Geschehens, sondern nutzt die Umgebung zur Desintegration seiner selbst. In diesem Modus der Diskontinuität, der mit einer ziellosen Vermischung von Wahrnehmungen, Introspektionen und Erinnerungen einhergeht, ist der Flaneur gewissermaßen ›aus der Zeit gefallen‹, ihr Verwertungspotenzial spielt für ihn keine Rolle mehr; sie wird vielmehr in einem rauschhaften Zustand wahllosen Bewusstseins und zielloser Bewegung verschwendet.

Unterlassungen. Schwänzen und Prokrastinieren

Neben diesen sukzessiven, weichen Abweichungen von Bewegungsrhythmen gibt es Praktiken, deren besonderer Reiz dadurch zustande kommt, dass die zeitökonomische Wertschöpfung offensiv verweigert, das Geforderte bewusst missachtet wird.

Eine Veranstaltung schwänzen, die in irgendeiner Hin-

---

84 Heiner Weidmann: *Flanerie, Sammlung, Spiel. Die Erinnerung des 19. Jahrhunderts bei Walter Benjamin.* München, 1992, S. 73.

sicht verpflichtend ist, meint zunächst, ihr fernzubleiben und die so gewonnene Zeit an einem anderen Ort anderweitig zu verbringen. Es muss sich nicht, wie eine erste Assoziation sicherlich nahelegt, um das Schulschwänzen handeln – auch wenn die Schule, dank der Vielzahl an gesetzlichen und familiären Zwängen, vielleicht am besten dazu geeignet ist. Nicht nur die institutionalisierten, sondern auch die sozialen und selbst generierten Verpflichtungen – wie Verabredungen, Vorhaben, Einladungen – können geschwänzt werden. Der Genuss besteht beim Schwänzen zunächst darin, das Verbotene zu tun oder wenigstens das Gewünschte zu unterlassen. Dazu gesellt sich ein zweiter, angenehmer Effekt: Plötzlich und ohne großen Aufwand steht eine bisher als unverfügbar verbuchte Zeitspanne zur Verfügung. Meiner Erfahrung nach wird diese gewonnene Zeit gerade dann als besonders erfreulich erfahren und außerordentlich plastisch in Erinnerung behalten, wenn sie nicht kompensatorisch für etwas Drängenderes, eine lang schon ausstehende Erledigung, verwendet wird, sondern mit gutem Gewissen ungenutzt bleibt, in einer kleinen, passiven Ausschweifung verschwendet wird.

In diesem Punkt ähnelt das Schwänzen der durch Kathrin Passig und Sascha Lobo im gegenwärtigen Diskurs verankerten Theorie und Praxis des Prokrastinierens[85]: Prokras-

---

85 Kathrin Passig/Sascha Lobo: *Dinge geregelt kriegen – ohne einen Funken Selbstdisziplin.* Berlin, 2008.

tinieren meint, eine als unangenehm empfundene Aufgabe so lange aufzuschieben, bis eine noch unangenehmere an deren Stelle tritt und sich dadurch die erste – vor dem Horizont des neuen Schreckens – mit leichter Hand erledigen lässt. Dies ist der effiziente Aspekt des Prokrastinierens, der Nutzen der Selbstdisziplinlosigkeit. Doch kann sich, neben diesem Produktivitätseffekt, noch etwas anderes einstellen: Die durch den Aufschub ertrotzte Zeit kann im Zustand eines gänzlich unkritischen Nichtstuns vergeudet werden. »Ich tue nichts, und es passiert nichts weiter Bemerkenswertes. Ich tue nicht, wovon ich weiß, dass ich es tun müsste, und weder in der Welt noch in mir ereignet sich irgendetwas, das den Namen einer Konsequenz verdient.«[86] Diese Erfahrung der Konsequenzlosigkeit kann mit einem Perspektivwechsel einhergehen; im Modus des Nichtstuns, der unterbrochenen Interaktion, entsteht eine plötzliche Distanz zu sich selbst und der Welt, eine perplexe Draufsicht auf das hektische Tun, die unausgesetzte Geschäftigkeit. Das zuvor als unausweichlich begriffene Produktivitätsparadigma, das die Subjektidentität konstituiert, steht in einem solchen Moment des Abstands zur Disposition. Die Routine effizienzorientierter Denk- und Bewegungsabläufe erscheint nicht länger als Zwangsläufigkeit, sondern als bisweilen fast skurriles Resultat einer selbst getroffenen Wahl.

Diese Möglichkeit, zu wählen, und dabei auch das Nichts-

---

86 Van Eikels (2012), S. 163.

tun als Option zu begreifen, wird in Herman Melvilles *Bartleby* bis in die äußerste, verstörende Konsequenz durchexerziert: Bartleby, ein Schreiber, wird in einer Anwaltskanzlei als Kopist eingestellt. Zurückhaltend und schweigsam verrichtet er zunächst alle ihm übertragenen Aufgaben, bis er irgendwann beginnt, bestimmte Tätigkeiten mit dem Satz »I would prefer not to« (Ich möchte lieber nicht) abzulehnen. Mit dieser scheinbar harmlosen, höflichen Formel bringt er das Weltbild seiner Kollegen ins Wanken, denn er konstruiert eine Wahl, wo scheinbar keine ist, und dekonstruiert damit die unhinterfragten sozialen und ökonomischen Normen. Aus diesem Grund scheitert jeder Versuch seiner Umwelt, ihn zur Vernunft zu bringen, denn die Vernunft erweist sich in seiner höflichen Verweigerung als Zwang, seine Unvernunft als freiheitlich getroffene Wahl. Im Lauf der Novelle verneint Bartleby zunehmend die elementarsten Selbstverständlichkeiten; er möchte lieber nicht mehr arbeiten, lieber nicht nach einer neuen Arbeitsstelle suchen, lieber nicht die Kanzlei verlassen, lieber nicht begründen, warum er sich so verhält. Nach diesem ökonomischen und sozialen Suizid – der ihn ins Gefängnis bringt – verweigert er schließlich die Nahrungsaufnahme und begeht damit auch physisch Selbstmord.

Im Modus des Schwänzens und des Aufschubs – als zeitweilig verweigerte Partizipation an einer auf Produktivität gerichteten Gesellschaft – wird das Verhalten Bartlebys im Kleinen praktiziert: Ich habe gerade Zeit; nutzen möchte ich sie aber lieber nicht. Die Befriedigung, die sich in einem solchen Zustand der Zeitverschwendung einstellen kann, beruht nicht nur darauf, dass die Entscheidung zur Passivität als ein Akt der Souveränität gegenüber den internalisierten Produktivitätszwängen erfahren wird. Die Umwelt, in ihrem unablässigen Aktionismus, erscheint befremdlich, die Desintegration des Selbst schafft eine Distanz, aus der das Handeln der anderen nicht länger als selbstverständlich, sondern als optional wahrgenommen wird; es steht zur Disposition. Eine minimale Bemerkung oder Unterlassung und sie könnten sich selbst aus dem Takt bringen – sie müssten nur sagen: »Ich möchte lieber nicht.«

Warten. Zeitvertreib
Das Warten lässt sich als Gegenstück zu den gerade untersuchten Formen der Unterlassung begreifen. Wer wartet, rechnet mit etwas, mit einer Person, einem Ereignis. Es gibt einen Plan, eine Regel oder Vorhersage, wonach die Person oder das Ereignis eintreffen sollen. Bis dahin gilt es, einen Zeitraum zu überbrücken, der keine klare Bestimmung hat. Beherrscht das, worauf man wartet, die Gedanken, so wird die Wartezeit zunehmend zur Qual. Bis das Ersehnte eintrifft, muss die Zeit totgeschlagen werden, Handy, Laptop, Smartphone und Zeitung sind geeignete Waffen. Tritt dann, zu allem Übel, noch eine Verspätung auf – des Zuges, des Geliebten, der Apokalypse, der Nachricht, des Essens –,

staut sich Ärger an, die Erwartung wächst, die Fixierung auf das Erwartete nimmt zu, es ist schließlich an nichts anderes mehr zu denken. Die Wartezimmer unterstützen dieses Gefühl nach Kräften: Sie sind als Durchgangsstationen konzipiert, als Zwischenräume. Stühle, Magazine, eine Uhr – die Gefahr, sich wohlzufühlen, besteht kaum.

Interessant wird das Warten jedoch dann, wenn es von der Erwartung befreit ist. Indien ist dafür eine sehr gute Schule. Ein Zug, mit dem ich aus dem Norden nach Delhi fahren wollte, hatte Verspätung. Niemand wusste so recht, wann er kommen würde, vielleicht gleich, vielleicht in ein paar Stunden. Es schien auch nicht so wichtig zu sein, die Familien, die Sadhus und Geschäftsmänner machten es sich auf dem Bahnsteig gemütlich. Manche schliefen, andere tranken Tee, nur ich lief unruhig umher, als würde das irgendwas ändern. Am kleinen Buchstand gab es nichts Brauchbares: religiöse Hefte, ein paar Bollywood-Magazine und eine deutsche Ausgabe von *Mein Kampf*. Nach einer halben Stunde habe ich kapituliert vor dem Gleichmut meiner Umgebung, mich auf den Bahnsteig gesetzt und Tee getrunken. Es lässt sich nichts ändern, es gibt nichts zu tun. Von da an war das Warten schön. Um mich herum lauter kleine Szenen, Mikro-Geschichten, halb wahrgenommen im Zustand angenehmster Zerstreuung. Erinnerungen, Tagträume, kurze Gespräche werden zu einem angenehmen Wust. Der Zug kam schließlich mit acht Stunden Verspätung. Ganz gleich. (Kaum war ich wieder in Deutschland, hat mich eine Verspätung von fünf Minuten wieder nervös gemacht, der latent gestresste, knauserige Zeitökonom kam sofort wider zum Vorschein).

Diese Form des Wartens ohne Erwartung, der Zerstreuung, des Einverständnisses mit dem, was gerade da ist, ohne Gedanken an die Zukunft, an Pläne, Pflichten und Versprechen, spielt bei Samuel Beckett eine zentrale Rolle. Seine Figuren sitzen in Räumen, in Zeiträumen fest und warten auf etwas – auf Godot, auf das Ende, auf irgendeine Veränderung. Es ändert sich nichts. Doch gerade dann, wenn sie jede Hoffnung aufgeben, wenn sie vergessen, worauf sie warten, nicht mehr wissen, wozu sie eigentlich da sind, laufen sie zur Höchstform auf. Sie füllen die Leere mit Sprach- und Gedankenspielen, Witzen und Vorwürfen, Tiefsinn und Unsinn. In diesem Zustand der Erwartungslosigkeit kann gerade das, was zuvor als mühsam oder ärgerlich empfunden wurde – die Nutzlosigkeit dieser Zwischenzeit, das Fehlen einer Bestimmung – in ein genussvolles, selbstbezügliches Spiel ohne Folgen verwandelt werden.

Müßiggang. Genussvolle Indifferenz

Die klarste und entschiedenste Form der Zeitverschwendung ist der Müßiggang, eine in der Romantik vielbeschworene Praxis der Unterlassung, die irgendwo zwischen hedonistischem *dolce far niente* und einem ästhetischen Zustand ausschweifender Reflexion und Wahrnehmung oszilliert und meist bestimmten Antitypen, Figuren der Negation gesellschaftlicher Praxis, eingeschrieben wird: dem Narr, dem Taugenichts, dem passiven Prinzen. Sie vertreten eine Position der entschlossenen Passivität, und zwar, indem sie gewissermaßen die Etymologie beim Wort nehmen: Das Lateinische ›otium‹ bedeutet Müßiggang, ›negotium‹ hingegen Arbeit, d. h. die Arbeit ist die Negation des Müßiggangs, nicht umgekehrt.

Der Müßiggang ist ein Akt der Zeitverschwendung; sie wird von Anfang an intendiert, indem sämtliche produktiven Beschäftigungen mit einem Gestus des ›Ich möchte lieber nicht‹ abgelehnt werden. Mit der Produktivität wird das Vorhaben, die Planung, das zielgerichtete Tun verweigert und stattdessen eine aktive Ziellosigkeit praktiziert, die dem Rousseau'schen Modus des ›désœuvrement‹ vergleichbar ist: eine Passivität, die aus der kindlichen (ziellosen) und schwätzerischen (ausschweifenden) Hingabe ihren Genuss zieht, wobei die Ausschweifung keineswegs auf den Bereich der Fantasien und Vorstellungen begrenzt bleibt, sondern ebenso Bewegungen, Handlungen und Betrachtungen meinen kann.

Diese selbst geschaffene Außenseiterposition als eine absichtlich praktizierte, absichtslose Diskontinuität zur Umwelt und zu sich selbst ist ein zentrales Motiv in Eichendorffs Novelle *Aus dem Leben eines Taugenichts*: »Den ganzen Tag (zu tun hatte ich weiter nichts) saß ich daher auf dem Bänkchen vor meinem Hause in Schlafrock und

Schlafmütze, rauchte Tabak (…) und sah zu, wie die Leute auf der Landstraße hin und her gingen, fuhren und ritten.«[87] Die Verschiebung der Wahrnehmung beruht auf der Selbstgewissheit, mit der der Taugenichts feststellt, er habe nichts weiter zu tun, und der daraus resultierenden Distanz zu all jenen, die ihren Tätigkeiten nachgehen und – aus Sicht des Taugenichts – genauso wenig zu tun hätten, wenn sie nur wollten. In genau diesem Verhältnis zur Produktivität, das Partizipation und Aktivität tatsächlich als Entscheidung begreift und verneint, beruht u. a. die Faszination, die von dieser Figur ausgehen kann. Der Taugenichts hat keine Ziele, er folgt, wie Rousseau es nennt, lediglich der ›Laune des Augenblicks‹, er schweift umher. Seine Wanderschaft – die den Hauptteil der Novelle ausmacht – ist ein aus unserer Sicht in höchstem Maß dilettantisches Unterfangen: Die Reise hat kein Ziel und verfolgt keinen Zweck, der Taugenichts beherrscht weder die notwendigen Fremdsprachen, noch verfügt er über das nötige Geld oder die Fähigkeit, rational zu wirtschaften. Gerade diese Fahrlässigkeit jedoch eröffnet einen Erlebnisspielraum und lässt ihn von einem Ereignis in das nächste stolpern, seine Hingabe an den Augenblick erweist sich als souveräne Passivität angesichts einer Fülle von Geschehnissen, die er gerade darum erfahren und genießen kann, weil er sich ihrer Zufälligkeit aussetzt. Die

---

87 Joseph von Eichendorff: *Aus dem Leben eines Taugenichts*. In: ders.: *Die Glücksritter. Erzählungen.* Berlin/Weimar, 1988, S. 15.

paradoxe Formel, mit der sich dieses Verhalten zusammenfassen ließe, könnte lauten: Ich will nur das, was mir passiert. Ein anderer Effekt des Müßiggangs ist bei Georg Büchner, insbesondere in *Leonce und Lena*, beschrieben. Auch hier stehen zwei Taugenichtse im Zentrum der Ereignisse, zwei passionierte Müßiggänger, der Prinz Leonce und der Narr Valerio. Letzterer lässt gleich zu Beginn verlauten: »Herr, ich habe die große Beschäftigung, müßig zu gehen, ich habe eine ungemeine Fertigkeit im Nichtstun, ich besitze eine ungeheure Ausdauer in der Faulheit.«[88] Dieser Profession gehen die beiden im Lauf des Lustspiels ausgiebig nach: Ihre Reise besteht im Wesentlichen aus geschwätzigen Pausen. Doch hat der Müßiggang hier eine andere Qualität, es findet eine Form der Selbst- und Weltwahrnehmung statt, die gewissermaßen eine exzessive Steigerung dessen darstellt, was bereits anhand des *Taugenichts* angedeutet wurde: Im Modus der Zeitverschwendung, der Desintegration des Selbst aus seinem sozialen Umfeld, werden sämtliche Tätigkeiten dieses Umfelds aus einer Distanz betrachtet. Diese Distanz beruht auf der freiwilligen Aufgabe des produktivitätsfixierten Bezugssystems, nach dem sich die Fremd- und Selbsteinschätzung in aller Regel orientiert – die Kontinuität zwischen Innen- und Außenwelt ist damit aufgehoben, die äußeren Geschehnisse verlieren ihre Selbstverständlichkeit

---

[88] Georg Büchner: *Leonce und Lena*. In: ders.: *Werke und Briefe*. München, 1987, S. 95.

und wirken, angesichts des eigenen Rhythmus, der eigenen Ziellosigkeit, wie ein befremdlicher Automatismus.

In nahezu allen Werken Büchners finden sich Variationen über dieses Motiv der Exklusion, der Isolation einer Figur und ihrer Wahrnehmung, der plötzlich ›Alles‹ (ein typisches Büchner-Wort, exzessiv gebraucht und immer groß geschrieben) fremd und unzugänglich wird, und zwar gerade weil dieses ›Alles‹ entweder völlig undurchschaubar und daher gewaltig *(Woyzeck, Lenz)*, oder gänzlich durchschaubar und daher trivial erscheint *(Dantons Tod, Leonce und Lena)*. Ist Letzteres der Fall, dann ist häufig von Marionetten die Rede, von Automaten, von einer Mechanik der Bewegungen, einer Determination des Verhaltens – letztlich von einer ›Welt am Draht‹. In *Leonce und Lena* allerdings wird diese relativistische Position – die im *Danton* fatalistisch geprägt ist – im Müßiggang aktiv herbeigeführt und bejaht: Gerade durch die Diskontinuität zwischen der aktiven, verwertungsorientierten und zwanghaften Umwelt und dem eigenen, passiven Erleben entsteht ein exklusiver Spielraum unbeteiligter, doch tätiger Betrachtung, dem sowohl die Außen- wie die Innenwelt zur freien Verfügung stehen, und zwar, weil darauf verzichtet wird, ihm etwas Nützliches abtrotzen zu wollen. Es ist ein Modus spielerischer, zielloser, in der passiven Hingabe jedoch aktiver und souveräner Erfahrung von Welt, der sich mit Schillers Worten als ›ästhetischer Zustand‹ bezeichnen ließe: »In dem ästhetischen Zustande ist der Mensch also *Null*, insofern man auf ein einzelnes Resultat, nicht auf das ganze Vermögen achtet, und den Mangel jeder besondern Determination in ihm in Betracht zieht. Daher muß man denjenigen vollkommen Recht geben, welche das Schöne und die Stimmung, in die es unser Gemüth versetzt, in Rücksicht auf *Erkenntniß* und *Gesinnung* für völlig indifferent und unfruchtbar erklären.«[89] In dieser Indifferenz gegenüber Resultaten, Zielen und Erwartungen, die dem ästhetischen Zustand eigen ist, liegt nach Schiller sein Wert begründet. In ihm mache der Mensch die Erfahrung, dass ihm »die Freyheit, zu seyn, was er seyn soll, vollkommen zurückgegeben ist«.[90] Indem er die ›Fesseln der Verhältnisse‹ ablege, die moralischen und physischen Zwänge missachtet werden, sei es ihm erst möglich, aus sich selbst zu machen, was er wolle.[91] Die Souveränität dieses utopischen Zustands beruht also auf dem freiwilligen Verlust der Sicherheit, der Subjektidentität, der Zeit.

Zu den vielen, teils paradoxen Eigenheiten, die eine solche Spielart des ästhetischen Zustands mit sich bringt, gehört auch die, dass sie das Gefühl der Zeitlosigkeit auslösen kann: Eine vollständige Auslieferung an die Gegenwart heißt nichts anderes, als die Sukzession der Zeit zu vergessen, das Zeit-Bewusstsein zu verlieren und damit Gegenwart

---

89 Friedrich Schiller: *Über die ästhetische Erziehung des Menschen in einer Reihe von Briefen.* Hrsg. von Klaus Berghahn. Stuttgart, 2006, S. 83.
90 Ebd., S. 84.
91 Ebd.

als Ewigkeit zu erfahren.[92] Dieses Ideal eines permanenten Ausnahmezustands, einer unausgesetzten Zeitvergessenheit, gehört zu den Utopien der romantischen Liebeskonzeption: Die Liebenden befinden sich in einer völligen Asynchronität zur restlichen Welt, sie folgen einzig ihren jeweils eigenen Rhythmen und der gemeinsamen, exklusiven Idiorrhythmie ihrer Beziehung. Leonce formuliert eine übersteigerte Version dieser Utopie der ununterbrochenen Zeitvergessenheit am Ende des Büchner'schen Lustspiels, als nur noch er, Valerio, die Gouvernante und Leonces Braut Lena auf der Szene zurückgeblieben sind: »Aber ich weiß besser, was du willst, wir lassen alle Uhren zerschlagen, alle Kalender verbieten und zählen Stunden und Monden nur nach der Blumenuhr, nur nach Blüte und Frucht. Und dann umstellen wir das Ländchen mit Brennspiegeln, daß es keinen Winter mehr gibt und wir uns im Sommer bis Ischia und Capri hinauf destilieren, und wir das ganze Jahr zwischen Rosen und Veilchen, zwischen Orangen und Lorbeern stecken.«[93]

Dieser augenzwinkernde Extremismus, den Valerio mit dem Vorschlag sekundiert, jede Form von Arbeit verbieten zu lassen und allein dem Müßiggang zu frönen,[94] illustriert in der parodistischen Überhöhung nicht nur die romantische Liebeskonzeption, sondern gleichermaßen den Umgang mit Zeit im Müßiggang: Die Sorge um die

92 Vgl. Augustinus (2007), S. 275.
93 Büchner (1987), S. 118.
94 Ebd.

99

Zukunft ist suspendiert; die Gegenwart ist damit von allen Verwertungspflichten entbunden und wird zum Ort der Ausschweifung, des Spiels, des Geschwätzes; die von Leonce entwickelte Fiktion des kollektiven Verlusts von Zeit (das ganze ›Ländchen‹ soll mit Spiegeln umstellt werden) ist ziellos-spielerisches Schwätzen, in dem zwar mit Versatzstücken politisch-utopischer Programmatik hantiert wird, das jedoch kein Ziel im Sinne der Verwirklichung des Gesagten anstrebt, sondern das Sagen selbst als zwangloses Spiel zelebriert. Leonce ist Rezipient seines eigenen, passiven Betrachtens, der eigenen ziellosen Aktivitäten, ohne nach einem Gewinn oder Nutzen jenseits des Moments zu suchen; er geht bei sich selbst ins Theater – schon zu Beginn des Stückes fordert Leonce sich selber auf: »Komm Leonce, halte mir einen Monolog, ich will zuhören.«[95]

---

95 Ebd., S. 98.

3. Ausblick. Theater, zum Beispiel

Bisher ist Zeitverschwendung als ein individueller – oder, in der Liebe, zweisamer – Akt des Sich-Entziehens beschrieben worden. Das verschwendende Subjekt bricht mit dem Rhythmus seiner Umgebung, es nimmt nicht länger am Geschehen teil, die Umwelt dient ihm lediglich als Material für die eigenen Gedanken, als Stichwortgeber für seine Fantasie; die Welt ist in diesem ästhetischen (Null-)Zustand ein Reich der Zeichen, das zur freien Verfügung steht. Ein asozialer, selbstgenügsamer Modus. Zum Abschluss soll der Frage nachgegangen werden, ob das Theater nicht als Anstalt zur gemeinsamen, gloriosen Zeitverschwendung verstanden werden könnte.

Unter dem Begriff Heterotopie hat Foucault eine Reihe von Orten erfasst, die zwar innerhalb der Gesellschaft existieren, sich jedoch dadurch auszeichnen, dass in ihnen andere räumliche, zeitliche, soziale Gesetze herrschen.[96] Es sind »wirkliche Orte, wirksame Orte, die in die Einrichtung der Gesellschaft hineingezeichnet sind, sozusagen Gegenplatzierungen oder Widerlager, tatsächlich realisierte Utopien, in denen die wirklichen Plätze innerhalb der Kultur gleichzeitig repräsentiert, bestritten und gewendet sind, gewissermaßen Orte außerhalb aller Orte, wiewohl sie tatsächlich geortet

---

96 Michel Foucault: *Andere Räume.* In: Karlheinz Barck (Hg.): *Aisthesis. Wahrnehmung heute oder Perspektiven einer anderen Ästhetik.* Leipzig, 1992.

werden können«.[97] Diese Heterotopien unterteilt Foucault in zwei Kategorien, die sich spiegelbildlich ergänzen: die Krisen- und die Abweichungsheterotopien. In beiden Fällen geht es darum, dass diese Gegen-Orte gewissermaßen auf ein Fehlverhalten, eine Abweichung von der Norm, auf den Bruch eines Tabus antworten. Während die Abweichungsheterotopien jedoch Orte sind, an denen das Anormale versammelt wird, um es zu disziplinieren und letztlich wieder in die herrschende Ordnung einzugliedern (die Psychiatrie, das Gefängnis, die Jugendheime), sind Krisenheterotopien Orte, in denen das Verbotene autonom entfaltet werden kann (Theater, Bordelle, Museen, Bibliotheken). In ihnen kann einer Abweichung nachgegeben werden, für die im funktionalen Raumgefüge kein Platz ist. Diese Räume zeichnen sich, so seine These, vor allem dadurch aus, dass in ihnen eine andere Zeit, ein anderer Rhythmus herrscht, dass der Eintritt in die Heterotopie einen Zeitschnitt bedeutet: »Die Heterotopie erreicht ihr volles Funktionieren, wenn die Menschen mit ihrer herkömmlichen Zeit brechen.«[98]

Welcher Abweichung kann man sich in der Krisenheterotopie Theater hingeben? Im Sinne Batailles ließe sich sagen: der Verschwendung eines Überschusses. Die gesellschaftliche und ökonomische Notwendigkeit des Theaters beruht, so der Gedanke, gerade nicht darauf, einen wie auch

---

97 Ebd., S. 39.
98 Ebd.

immer gearteten Nutzen zu generieren, sondern in seiner vollständigen Nutzlosigkeit. Eine Anstalt der Verausgabung, in der ein notwendiger Verlust als sozialer Ritus organisiert und in glorioser (freiwilliger) Form zelebriert wird. Dabei werden nicht nur Ressourcen, öffentliche Mittel und Arbeitskraft vergeudet, sondern auch und vor allem Zeit. Die Zuschauer treten in einen Spielraum ein, in dem das zeitökonomische Verwertungsdenken außer Kraft gesetzt wird – im Idealfall wird es, zusammen mit dem Mantel, an der Garderobe abgegeben –, was eine doppelte Lust verschaffen kann. Die erste Lust speist sich daraus, dass hier eine Abweichung im institutionellen Rahmen vorgenommen wird, eine ritualisierte Insubordination, der gemeinsame Bruch eines Tabus. Die zweite Lust besteht jedoch darin, dass die Suspendierung des Zeitverwertungszwangs zu einem ästhetischen Zustand zwangloser, spielerischer Betrachtung führen kann, zu einem Daseinsmodus, in dem nichts gewollt, nichts erwartet wird. Das an die Betrachtung verlorene Individuum begegnet sich in einer Mischung aus Kindlichkeit und Geschwätzigkeit selbst, es füllt die gewonnenen inneren Freiräume mit allerlei Plunder, mit einem Durcheinander von nutzlosen, selbstbezogenen Spielen, Beobachtungen, Gedanken, Fantasien, Erinnerungen, Erzählungen und ihren Zertrümmerungen an, ohne ein mögliches Resultat oder einen Zweck vor Augen zu haben. Das Spiel liefert ihm dazu die Hinweise, die flüchtigen Andeutungen, die Zustände. Ob dieses Verschwendungsmoment gelingt, lässt sich nicht vorhersehen. Und wenn es gelingt, dann nicht für alle, sondern nur für den Einzelnen. Auch in dieser Form organisierter Gemeinschaft ist der ästhetische Zustand also asozial, es handelt sich im besten Fall um eine kollektiv herbeigeführte Erfahrung einer Selbstisolation.

Im *Passagenwerk* notiert Walter Benjamin: »Man muß sich nicht die Zeit vertreiben – man muß die Zeit zu sich einladen.«[99] Vielleicht ist damit ein ähnlicher Zustand gemeint, und der hingebungsvolle Akteur der Zeitverschwendung lässt sich als passiver Gastgeber von Zeit verstehen, dem es nicht länger um Kurzweiligkeit oder Nützlichkeit der Zeit und ihrer Ereignisse zu tun ist, sondern der seinen Genuss daraus bezieht, die Zeit zu erfahren und angesichts der Ereignisse festzustellen, dass ihre Dauer ebenso wie ihre Qualität relativ und damit einzig eine Frage der Wahrnehmung ist.

Eine Zeitwahrnehmung hingegen, die ausschließlich ökonomisch determiniert ist, verengt nicht nur das Zeit-, sondern das Selbstbewusstsein, es reduziert jede Form von Erfahrung auf die Frage nach ihrer Funktion. Vielleicht ist es das, wozu Theater als Anstalt zur Verschwendung von Zeit in der Lage ist: Erfahrungen zu ermöglichen, die sich nicht verwerten lassen und damit eine Kluft zur sonstigen, produktiven Daseinsweise schaffen. Darin, und das ist die

---

99 Walter Benjamin: »*Passagenwerk*: Notizen und Materialien« In: ders.: *Gesammelte Werke II*. Frankfurt am Main, 2011, S. 915.

letzte der vielen Paradoxien, die im Zusammenhang dieser Gedankengänge aufgetaucht sind, liegt der Gewinn der freiwilligen, bejahten Zeitverschwendung: Die Entscheidung zum Verlust von Zeit kann Erfahrungen generieren, die gerade deshalb kostbar sind, weil sie sich nicht verwerten lassen.

Unter diesem Gesichtspunkt erscheinen die gegenwärtigen Marketing- und Rechtfertigungsstrategien der Stadttheater, mit denen vielerorts auf schrumpfende Budgets und Zuschauerzahlen reagiert wird, zumindest als fragwürdig. Statt dem Theater einen (ziemlich diffusen) gesellschaftlichen Nutzen zuzuschreiben und den Theaterbesuch als effizientes Konsumerlebnis zu bewerben, wäre meiner Ansicht nach die Betonung der befreienden Nutzlosigkeit dieser Anstalt, die völlige Offenheit des Ausgangs und die Möglichkeit, hier seine Zeit zu verschwenden, vielleicht die bessere und interessantere Art, den eigenen Platz zu behaupten.

Kommen Sie ins Theater!
Verschwenden Sie Ihre Zeit!

Quellen- und Literaturverzeichnis

Giorgio Agamben: *Regel und Leben.* In: Barbara Gronau/Alice Lagaay (Hg.): *Ökonomien der Zurückhaltung. Kulturelles Handeln zwischen Askese und Restriktion.* Übersetzt von Caroline Gutberlet. Bielefeld, 2010, S. 15–26.

Giorgio Agamben: *Profanierungen.* Übersetzt von Marianne Schneider. Frankfurt am Main, 2005.

Philippe Ariès: *Studien zur Geschichte des Todes im Abendland.* Übersetzt von Hans-Horst Henschen. München/Wien, 1976.

Augustinus: *Bekenntnisse. Confessiones.* Übersetzt von Joseph Bernhart. Hrsg. von Jörg Ulrich. Frankfurt am Main/Leipzig, 2007.

Roland Barthes: *Wie zusammen leben. Simulationen einiger alltäglicher Räume im Roman. Vorlesung am Collège de France 1976–1977.* Übersetzt von Horst Brühmann. Hrsg. von Éric Marty. Frankfurt am Main, 2007.

Georges Bataille: *Der Begriff der Verausgabung.* In: ders.: *Die Aufhebung der Ökonomie.* Übersetzt von Traugott König und Gerd Bergfleth. Hrsg. von Gerd Bergfleth. 3. erweiterte Auflage, München, 2001, S. 7–31.

Georges Bataille: *Der verfemte Teil.* In: ders.: *Die Aufhebung der Ökonomie.* Übersetzt von Traugott König und Gerd Bergfleth. Hrsg. Von Gerd Bergfleth. 3. erweiterte Auflage, München, 2001, S. 33–234.

Samuel Beckett: *Theaterstücke.* Hrsg. von Klaus Birkenhauer/Elmar Tophoven. Übersetzt von Elmar Tophoven/Erika Tophoven. Frankfurt am Main, 1995.

Walter Benjamin: *Kapitalismus als Religion.* In: ders.: *Kairos. Schriften zur Philosophie.* Ausgewählt von Ralf Konersmann. Frankfurt am Main, 2007, S. 110–112.

Walter Benjamin: »Urgeschichte der Moderne II: Aus dem *Passagenwerk*«. In: ders.: *Gesammelte Werke II.* Frankfurt am Main, 2011, S. 833–865.

Walter Benjamin: »*Passagenwerk*: Notizen und Materialien«. In: ders.: *Gesammelte Werke II*. Frankfurt am Main, 2011. S. 867–944.

Ingmar Bergman: *Laterna Magica. Mein Leben*. Übersetzt von Hans-Joachim Maass. Berlin/Köln, 2011.

Henri Bergson: *Materie und Gedächtnis. Eine Abhandlung über die Beziehung zwischen Körper und Geist*. Übersetzt von Julius Frankenberger. Hamburg, 1991.

Ulrich Bröckling: *Das unternehmerische Selbst. Soziologie einer Subjektivierungsform*. Frankfurt am Main, 2007.

Georg Büchner: *Werke und Briefe*. 8. Auflage, München, 1987, S. 91–118.

Judith Butler: *Psyche der Macht. Das Subjekt der Unterwerfung*. Übersetzt von Reiner Ansén. Frankfurt am Main, 2001.

Carlo M. Cipolla: *Die gezählte Zeit. Wie die mechanische Uhr das Leben veränderte*. Übersetzt von Friederike Hausmann. Berlin, 1997.

Jacques Derrida: *Falschgeld: Zeit geben I*. Übersetzt von Andreas Knop und Michael Wetzel. München, 1993.

Jacques Derrida: *Die Schrift und die Differenz*. Übersetzt von Rodolphe Gaché. Frankfurt am Main, 1987.

Alain Ehrenberg: *Das erschöpfte Selbst. Depression und Gesellschaft in der Gegenwart*. Übersetzt von Manuela Lanzen und Martin Klaus. Frankfurt am Main, 2008.

Joseph von Eichendorff: *Aus dem Leben eines Taugenichts*. In: ders.: *Die Glücksritter. Erzählungen*. Berlin/Weimar, 1988, S. 5–97.

Norbert Elias: *Über die Zeit. Arbeiten zur Wissenssoziologie II*. Hrsg. von Michael Schröter. Frankfurt am Main, 1988.

Michel Foucault: *Andere Räume*. In: Karlheinz Barck (Hg.): *Aisthesis. Wahrnehmung heute oder Perspektiven einer anderen Ästhetik*. 4. Auflage, Leipzig, 1992, S. 34–46.

Michel Foucault: *Die Geburt der Biopolitik. Geschichte der Gouvernementalität II*. Übersetzt von Jürgen Schröder. Frankfurt am Main, 2006.

Michel Foucault: *Überwachen und Strafen. Die Geburt des Gefängnisses*. Übersetzt von Walter Seitter. 8. Auflage, Frankfurt am Main, 1989.

Michel Foucault: *Vorrede zur Überschreitung.* In: ders.: *Dits et Ecrits. Schriften.* Bd. 1. Hrsg. von Daniel Defert. Frankfurt am Main, 2001, S. 320–342.

Sigmund Freud: *Totem und Tabu. Einige Übereinstimmungen im Seelenleben der Wilden und der Neurotiker.* Leipzig/Wien, 1913.

Johann Wolfgang Goethe: *Faust. Der Tragödie Erster Teil.* Stuttgart, 2000.

Iwan A. Gontscharow: *Oblomow.* Übersetzt von Josef Hahn. München, 2006.

Martin Heidegger: *Der Begriff der Zeit.* Hrsg. von Hartmut Tietjen. 2. Auflage, Tübingen, 1995.

Andreas Hetzel: *Denken der Kontinuität. Schelling und Bataille.* In: Andreas Hetzel/Peter Wiechens (Hg.): *Georges Bataille. Vorreden zur Überschreitung.* Würzburg, 1999, S. 57–93.

Ernst Jünger: *Das Sanduhrbuch.* Frankfurt am Main, 1957.

Kerstin Jürgens: *Die Ökonomisierung von Zeit im flexiblen Kapitalismus.* In: WSI Mitteilungen, 4/2007, S. 167–173.

Niklas Luhmann: *Soziale Systeme. Grundriß einer allgemeinen Theorie.* 5. Auflage, Frankfurt am Main, 1994.

Michael Makropoulos: *Theorie der Massenkultur.* München, 2008.

Thomas Mann: *Der Zauberberg.* Frankfurt am Main, 1995.

Herman Melville: *Bartleby, der Schreiber. Eine Geschichte aus der Wall Street.* Übersetzt von Jürgen Krug. Frankfurt am Main/Leipzig, 2004.

Michel de Montaigne: *Essais.* Übersetzt von Arthur Franz. Leipzig, 2008.

Friedrich Nietzsche: *Die fröhliche Wissenschaft.* Leipzig, 1930.

Kathrin Passig/Sascha Lobo: *Dinge geregelt kriegen – ohne einen Funken Selbstdisziplin.* Berlin, 2008.

Jean-Jacques Rousseau: *Bekenntnisse.* Übersetzt von Alfred Semerau. München, 2012.

Friedrich Wilhelm Joseph von Schelling: *Friedrich Wilhelm Joseph von Schellings Sämtliche Werke.* Hrsg. von Karl Friedrich August Schelling. Stuttgart, 1856–1861.

Friedrich Schiller: *Über die ästhetische Erziehung des Menschen in einer Reihe von Briefen.* Hrsg. von Klaus Berghahn. Stuttgart, 2006.

Jean-Paul Sartre: *»Der Existentialismus ist ein Humanismus« und andere philosophische Essays 1943–1948.* Übersetzt von Werner Bökenkamp, Hans Georg Brenner, Margot Fleischer. 5. Auflage, Reinbek bei Hamburg, 2010.

Georg Simmel: *Das Individuum und die Freiheit.* Frankfurt am Main, 1993.

Kai van Eikels: *Poetik der Zeitkürzung. Zur temporalen Organisation im Management.* Online unter: http://t-rich.prognosen-in-bewegung. de/de/was-weiss-t-rich/texte/kai-van-eikels-poetik-der-zeitk-rzung. Stand: 16. April 2012.

Kai van Eikels: *Meine Trägheit ist ebenso furchtlos wie mein Zorn. Ein Lob der Selbstdisziplinlosigkeit.* In: Gunter Gebauer/Ekkehard König/Jörg Volbers (Hg.): *Selbst-Reflexionen. Performative Perspektiven.* Paderborn, 2012, S. 155–178.

Max Weber: *Die protestantische Ethik und der ›Geist‹ des Kapitalismus.* In: ders.: *Gesammelte Aufsätze zur Religionssoziologie I.* Tübingen, 1988, S. 17–206.

Heiner Weidmann: *Flanerie, Sammlung, Spiel. Die Erinnerung des 19. Jahrhunderts bei Walter Benjamin.* München, 1992.

Harald Welzer: *Mentale Infrastrukturen. Wie das Wachstum in die Welt und in die Seelen kam.* In: *Schriften zur Ökologie,* Band 14, Berlin, 2011.

Abbildungsnachweise

Seite 24: *L'homme machine*, La Mettries, 1748
Archiv Klaus Wagenbach. Entnommen aus: Carlo M. Cipolla (1997):
Die gezählte Zeit. Wie die mechanische Uhr das Leben veränderte.
Übersetzt von Friederike Hausmann. Berlin, 1997.

Seite 54: *Der Fressend Narr*, 1568
Jost Amman, Hans Sachs (1568): *Eygentliche Beschreibung aller Stände auff Erden, hoher und nidriger, geistlicher und weltlicher, aller Künsten, Handwercken und Händeln* ... Frankfurt am Main, 1568.

CARL HEGEMANN/VOLKSBÜHNE AM
ROSA-LUXEMBURG-PLATZ (HRSG.)

Kapitalismus und Depression I: Endstation. Sehnsucht
Kapitalismus und Depression II: Glück ohne Ende
Kapitalismus und Depression III: Erniedrigung geniessen

Politik und Verbrechen I: Einbruch der Realität
Politik und Verbrechen II: Ausbruch der Kunst

Kapitalismus und Regression: Das Schwindelerregende
Once Upon a Time in the West. Groß und klein

JOOST SMIERS/MARIEKE VAN SCHIJNDEL
No Copyright
Vom Machtkampf der Kulturkonzerne um das Urheberrecht
Eine Streitschrift

SEBASTIAN HAFFNER
Der neue Krieg
Mit einer E-Mail von Jürgen Kuttner

ROBERT MUSIL
Über die Dummheit
Ein Vortrag

www.alexander-verlag.com